# Olla De Cocción Lenta

Recetas De Cocina Lenta Para Hacer En Casa Sin Dificultad

(Las Mejores Y Deliciosas Recetas Para Personas)

**Zohar Meza**

Publicado Por Daniel Heath

## © **Zohar Meza**

**Todos los derechos reservados**

*Olla De Cocción Lenta: Recetas De Cocina Lenta Para Hacer En Casa Sin Dificultad (Las Mejores Y Deliciosas Recetas Para Personas)*

ISBN 978-1-989837-07-8

Este documento está orientado a proporcionar información exacta y confiable con respecto al tema y asunto que trata. La publicación se vende con la idea de que el editor no esté obligado a prestar contabilidad, permitida oficialmente, u otros servicios cualificados. Si se necesita asesoramiento, legal o profesional, debería solicitar a una persona con experiencia en la profesión.

Desde una Declaración de Principios aceptada y aprobada tanto por un comité de la American Bar Association (el Colegio de Abogados de Estados Unidos) como por un comité de editores y asociaciones.

No se permite la reproducción, duplicado o transmisión de cualquier parte de este documento en cualquier medio electrónico o formato impreso. Se prohíbe de forma estricta la grabación de esta publicación así como tampoco se permite cualquier almacenamiento de este documento sin permiso escrito del editor. Todos los derechos reservados.

Se establece que la información que contiene este documento es veraz y coherente, ya que cualquier responsabilidad, en términos de falta de atención o de otro tipo, por el uso o abuso de cualquier política, proceso o dirección contenida en este documento será responsabilidad exclusiva y absoluta del lector receptor. Bajo ninguna circunstancia se hará responsable o culpable de forma legal al editor por cualquier reparación, daños o pérdida monetaria debido a la información aquí contenida, ya sea de forma directa o indirectamente.

Los respectivos autores son propietarios de todos los derechos de autor que no están en posesión del editor.

La información aquí contenida se ofrece únicamente con fines informativos y, como tal, es universal. La presentación de la información se realiza sin contrato ni ningún tipo de garantía.

Las marcas registradas utilizadas son sin ningún tipo de consentimiento y la publicación de la marca registrada es sin el permiso o respaldo del propietario de esta. Todas las marcas registradas y demás marcas incluidas en este libro son solo para fines de aclaración y son propiedad de los mismos propietarios, no están afiliadas a este documento.

# TABLA DE CONTENIDO

PARTE 1 ............................................................. 1
INTRODUCCIÓN ................................................. 2
STROGANOFF DE CARNE .................................... 5
ESTOFADO DE CERVEZA Y TERNERA .................... 6
FRIJOLES NEGROS CON CHILE .............................. 7
SALSA BOLOGÑESA ............................................. 8
ACOMPAÑANTE LINGUINIS ................................. 8
SOPA DE BRÓCOLI CON QUESO ........................... 9
ESTOFADO DE BRUNSWICK ............................... 10
PASTEL DE RAVIOLI CON QUESO ........................ 11
SOPA DE POLLO Y ARROZ .................................. 12
POLLO Y BOLOS DE MASA .................................. 13
POLLO A LA CACIATORE ..................................... 13
FAJITAS DE POLLO ............................................. 14
POLLO A LA PHILLY CON REBANADAS DE QUESO 15
POLLO CON MANZANA Y BATATAS .................... 16
POLLO CON CREMA DE QUESO .......................... 17
POLLO A LA DR. PEPPER .................................... 18
CARNE CON JENJIBRE A LA BARBACOA .............. 19
PUERCO ASADO CON MIEL Y QUESO PARMESANO
....................................................................... 20
POLLO SON SESAMO Y MIEL ............................. 21
HOT DOGS ITALIANOS CON PIMIENTA Y CEBOLLAS}
....................................................................... 22
CREMA DE PAPA COCIDA .................................. 23
SOPA DE MINESTRONE ..................................... 24
ALBONDIGAS A LA STROGONOFF ...................... 25

SOPA MEXICANA DE TORTILLA DE POLLO ........... 26
PASTA A LA FLAGIOLI ............................................ 27
ASADO PERFECTO EN OLLA .................................. 28
SOPA DE BATATA Y MAIZ ...................................... 30
FILETES DE SALISBURY CON SALSA DE CREMA DE
CHAMPIÑONES ..................................................... 31
POLLO EN SALSA .................................................... 32
CHULETA DE CERDO SOFOCADO ........................... 33
BISTECK SOFOCADOS ............................................ 34
SALSA PARA ESPAGUETTIS .................................... 35
SOPA DE GUISANTES ............................................. 36
ESTOFADO CON SALSA DE CARNE ........................ 37
SOPA PICANTE ....................................................... 38
TACO CON CHILE ................................................... 39
CAZUELA DE PATATAS FRITAS ............................... 40
ALAS DE POLLO A LA THAI CON SALSA DE MANI . 41
SOPA DE CARNE Y VEGETALES .............................. 41

PARTE 2 .................................................................. 44

INTRODUCCIÓN ..................................................... 45

¿POR QUÉ NECESITAS ESTAS RECETAS? .............. 47

SOPA DE LENTEJAS Y VEGETALES ......................... 48
SOUFFLÉ DE HUEVO Y PAVO ................................. 50

CONSEJO DE RECETA ............................................. 52

POLLO EN SALSA .................................................... 53
CONSEJO DE RECETA ............................................. 54
CHILE DE FRIJOLES DE COCCIÓN LENTA–BAJO EN
SODIO, BAJO EN GRASA, ALTO EN PROTEÍNA ...... 54
LOMO DE CERDO/RES DE COCCIÓN

LENTAYSAUERKRAUT ............................................ 58
CONSEJO DE RECETA .......................................... 59
ASADO DE CEBOLLAS Y CHAMPIÑONES ............. 60
CONSEJO DE RECETA .......................................... 61
STROGANOFF DE CARNE .................................... 61
POLLO DE COCCIÓN LENTA CON MIEL Y SEMILLAS DE SÉSAMO ......................................................... 63
PATATAS CON QUESO BAJAS EN GRASA – COCCIÓN LENTA .................................................................. 65
CHILE BLANCO DE POLLO DE COCCIÓN LENTA .... 67
SOPA DE VERDURAS DEPURATIVA ....................... 69
PAN DE LINAZA ................................................... 70
CONSEJO DE RECETA .......................................... 72
PASTA DE CHILE ITALIANO DE COCCIÓN LENTA ... 73
QUINOA DE COCCIÓN LENTA ............................. 75
TARTA DE VERDURAS CON BOLLOS DE PARMESANO Y PIMIENTA NEGRA ...................... 77
BOLOÑESA DE COCCIÓN LENTA ......................... 81
RAGU DE ESTOFADO DE TERNERA CON POLENTA DE COCCIÓN LENTA ............................................ 83
CONSEJO DE RECETA .......................................... 85
CARNE DE RES AGRIDULCE CON PIMIENTOS Y PIÑA ............................................................................. 86
CONSEJO DE RECETA .......................................... 88
LOMO DE PAVO CON FIDEOS EN SALSA DE AJO ... 89
ASADO DE PALETILLA DE CORDERO ALTO EN PROTEÍNAS ......................................................... 92

| | |
|---|---|
| CONSEJO DE RECETA | 93 |
| AVENA CORTADA DE PAY DE MANZANA DE COCCIÓN LENTA | 94 |
| CACEROLA DE HASH BROWNS, HUEVO Y TOCINO | 96 |
| FRITTATA CON ALCACHOFAS, PIMIENTO ASADO, Y QUESO FETA DE COCCIÓN LENTA | 98 |
| POLLO JERK DE COCCIÓN LENTA | 99 |
| POLLO KORMA DE COCCIÓN LENTA | 101 |
| RECETA DE POLLO Y CHILE DE FRIJOLES BLANCOS DE COCCIÓN LENTA | 104 |
| TACO DE POLLO DE COCCIÓN LENTA | 106 |
| CONSEJO DE RECETAS | 107 |
| POLLO BBQ COCIDO A FUEGO LENTO | 108 |
| POLLO ITALIANO COCIDO A FUEGO LENTO (BAJO EN GRASA Y ALTO EN PROTEÍNA) | 109 |
| RECETA DE SOPA DE POLLO SRIRACHA | 111 |
| POLLO MARROQUÍ DE COCCIÓN LENTA | 113 |
| ALITAS DE POLLO PEGAJOSAS DE COCCIÓN LENTA CON SALSA DE PIÑA Y 5 ESPECIAS | 115 |
| PIMIENTOS RELLENOS MAGROS Y LIMPIOS | 118 |
| AVENA CORTADA CON BANANA DE COCCIÓN LENTA | 120 |
| BATATAS DE COCCIÓN LENTA | 123 |
| BATATAS RELLENAS CON FRIJOLES NEGROS Y ESPINACA | 123 |
| JAMBALAYA DE POLLO Y CAMARONES DE COCCIÓN LENTA | 125 |
| PAELLA DE COCCIÓN LENTA (ALTO EN PROTEÍNA) | 127 |

- ARROZ SALVAJE Y SOPA DE CHAMPIÑONES ...... 131
- SOPA MINESTRONE ......... 132
- SOPA DE GNOCCHI DE POLLO DE COCCIÓN LENTA ......... 135
- SOPA DE LASAÑA DE COCCIÓN LENTA ......... 137
- ASADO DE CARNE ASIÁTICO DE COCCIÓN LENTA ......... 140
- CARNE MOLIDA DE CURRY TAILANDÉS ......... 142
- LOMO DE BISONTE DE PAPRIKA ......... 144
- PECHUGAS DE POLLO RELLENAS ESTILO GRIEGO ......... 145
- ALBÓNDIGAS DE PAVO ITALIANAS DE COCCIÓN LENTA ......... 147
- SALSA DE CARNE A FUEGO LENTO CON PASTA .. 149
- CERDO ASADO CHARSIU ......... 152
- LASAÑA PESTO CON ESPINACA Y CHAMPIÑONES ......... 154
- TORRE DE ENCHILADA DE POLLO ......... 157

**Parte 1**

## INTRODUCCIÓN

¿Si usted disfruta una deliciosa comida en una olla eléctrica, pero nunca tiene el tiempo para prepararla ante de salir en la mañana o con energías para prepararla antes de ir a dormir?

¿Estas interesado en preparar algo sabroso, deleitar y lo mejor de todo, ¿comidas sin estrés que puede preparar con anticipación?

Entonces, este es el libro de cocina es para usted.

Elegido por la facilidad de preparación y su sabor excepcional, este libro de cocina contiene un montón de excelentes recetas para congeladores y una olla eléctrica que seguramente harán su vida más fácil.

Estas comidas pueden ser elaboradas fácilmente y rápidamente, pueden ser congeladas cuando usted crea conveniente.Luego pueden calentarlas sin esfuerzo en una olla eléctrica para proporcionarle una deliciosa comida cuando realmente la necesite.

Si usted es un novato en la cocina que

busca seguir las recetas hasta el pie de la letra, o un veterano experimentado que busca inspiración, ¡este libro lo tiene al descubierto!

¡Siéntese y relájese mientras la olla eléctrica hace magia, preparando la comida que usted y sus invitados merecen!

Sugerencias

Las carnes o aves congeladas deben descongelarse antes de colocarlas en la olla eléctrica.

Etiquete sus bolsas congeladas para que siempre recuerde lo que contienen y cómo cocinarlas.

La carne de res no siempre necesita ser cocida, pero a menudo genera mejores resultados si lo es.

Use siempre guantes para horno cuando maneje la olla eléctrica.

No llene la olla eléctrica hasta el borde con los alimentos.

Cocine siempre con la tapa de cocción y la asa en posición.

El levantamiento frecuente de la tapa aumentará el tiempo de cocción necesario, no abra durante la primera mitad del tiempo de cocción.

Los tiempos indicados en este libro de cocina son solo una guía y pueden verse afectados por la calidad de los ingredientes, el número de veces que se levanta la tapa, el tamaño de la carne y las verduras, las cantidades, etc.

Siempre asegúrese de que la comida esté bien cocida antes de comer.

Aunque se dan recomendaciones, el uso de la cantidad de sal y pimienta se deben utilizarse a las de acuerdo a la preferencia de cada quien.

Se recomienda experimentar con los ingredientes, pero siempre asegúrese de que todos los alimentos estén bien cocidos.

A menudo, las recetas se pueden preparar para vegetarianos utilizando otros ingredientes similares, por ejemplo. Intercambio de caldo de pollo por caldo de verduras.

El spray para cocinar no siempre es necesario, pero a menudo se recomienda.

La sal kosher puede ser sustituida por sal normal, pero debido al tamaño de grano, la sal kosher se adapta menos densamente a las tazas y cucharas medidoras, por lo que se debe usar el doble.

Asegúrese de que su olla eléctrica sea del tamaño adecuado para el plato.

## STROGANOFF DE CARNE

Porciones 2 a 4
Ingredientes
½ taza de cebolla picada
¼ taza de mantequilla
1 libra de estofado de carne
1/8 cucharadita de pimiento rojo
2 tazas-de champiñones cortados
¾ taza de crema agria
1 lata de sopa de crema de champiñones
½ taza de Queso crema
1 cucharadita de sal
1 cucharadita de pimienta
Acompañante tallarines o arroz
Indicaciones
En un recipiente pequeño, mezcle la crema agria, la sopa de crema de champiñones y el queso crema.

Ponga todos los ingredientes en una bolsa para congelar, mezcle para cubrir y congele.

Cuando estén listos para cocinar, transfiera los ingredientes a la olla eléctrica y cocine a fuego lento durante 6 a 8 horas.

Sirva con tallarines o arroz.

## ESTOFADO DE CERVEZA Y TERNERA

Porciones 2 a 4
Ingredientes
2 libras de Estofado de carne
2 cucharadas de Aceite de oliva
2 cucharadas de Mantequilla
2 de tallos de apio España troceados
2 de zanahorias grandes troceados
1 libra de papas cortadas
2 Dientes de ajos troceados
2 hojas de laurel
1 cucharadas de perejil
1 lata de tomates con chiles verdes
2 cucharaditas de sal
1 cucharadita de pimienta
1 taza de cerveza negra
1 taza de caldo de carne
Indicaciones
Sazonar la carne con la sal y pimienta.
Ponga todos los ingredientes en una bolsa

para congelar, (excepto la cerveza negra y el caldo de carne), y dejarlos congelar.
Cuando estén listos para cocinar, transfiera los ingredientes a la olla eléctrica y cocine.
Agregue la cerveza negra y el caldo de carne.
Cocine a fuego lento durante 6 a 8 horas y sirva.

## FRIJOLES NEGROS CON CHILE

Porciones 2 a 4
Ingredientes
1 libra de carne molina cocida, escurrida o guisada
cebolla mediana y rebanada
1 Pimiento verde mediano y rebanado
1 lata de 28 onzas de Tomates cortados en cubos
2 latas 12 onzas de frijoles negros escurridos
2 cucharaditas de cebolla en polvo
2 cucharaditas de ajo en polvo
1 cucharada de Comino
1 cucharada de chile en polvo
Indicaciones
Ponga todos los ingredientes en una bolsa

para congelar y dejarlos congelar.

Cuando estén listos para cocinar, transfiera los ingredientes a la olla eléctrica y cocine Cocine a fuego lento durante 4 a 6 horas y sirva.

## SALSA BOLOGÑESA

PORCIONES 2 a 4
INGREDIENTES
1 libra de chorizo italiano cocido
½ taza de cebollas cortadas
3 dientes de ajos machacados
1 lata 28 onzas de tomates machacados
1 lata 6 onzas de pasta de tomate
1 taza de agua
2 cucharadas de azúcar
2 cucharadas de condimento italianos
1 cucharada de hierbas (laurel, tomillo, orégano, albahaca)
1 cucharadita de semillas de hinojo
1 cucharadita de hojuelas de pimienta roja
1 cucharadita de sal
1 cucharadita de pimienta

### Acompañante linguinis

Indicaciones

Ponga todos los ingredientes en una bolsa para congelar y dejarlos congelar.

Cuando estén listos para cocinar, transfiera los ingredientes a la olla eléctrica y cocine Cocine a fuego lento durante 4 a 6 horas aproximadamente.

Sirva encima de los linguinis.

## SOPA DE BRÓCOLI CON QUESO

Porciones 4 a 6
Ingredientes
3 latas 10.75 onzas de Sopa de queso
3 latas de leche evaporada
1 cucharadita de ajo en polvo
1.5 cucharadita de pimienta negra
1.5 taza de cebollas cortadas
42 onzas de brócoli troceado
Acompañe con queso cheddar
Indicaciones
Mezcle todos los ingredientes (excepto el brócoli), en una bolsa para congelar, tirar para cubrir y dejar congelar.

Cuando esté listo para cocinar, transfiera a la olla eléctrica y agregue el brócoli congelado.

Cocine a fuego lento durante 4 a 6 horas o

a fuego alto durante 2 a 3 horas aproximadamente.

Sirva y añada el queso cheddar.

## ESTOFADO DE BRUNSWICK

Porciones 2 a 4
Ingredientes
1 libra de pechugas de pollo o 6 tiras de pollo
1 lata de maíz amarillo escurrido
2 Tazas de frijoles de mantequilla
2 de tazas- tomates de enlatados
2 de papas blancas cortadas en cubos
1 de Cebolla mediana troceada
1 tallo de apio España cortado
½ taza de salsa de tomate (kétchup)
½ taza de salsa barbecue
2 cucharaditas de cebolla e polvo
2 cucharaditas de ajo en polvo
cucharadas de azúcar morena
Cucharadita de salsa picante
3 cucharadas de mantequilla
3 tazas de caldo de pollo
Indicaciones
Mezcle todos los ingredientes (excepto el caldo de pollo), en una bolsa para congelar

y dejar congelar.
Cuando esté listo para cocinar, transfiera a la olla eléctrica.
Añada las 3 tazas de caldo de pollo.
Cocine a fuego lento durante 6 horas o a fuego medio durante 5 horas aproximadamente.
Retire las tiras de pollo cocido de la olla eléctrica, córtelo y vuelva a colocarlos en la olla.
Sirva.

## PASTEL DE RAVIOLI CON QUESO

Porciones 2 a 4
Ingredientes
Bolsa de 9 de raviolis congelados
1 frasco de salsa de pasta "Prego" preferiblemente
2 tazas de queso rallado
Indicaciones
Ponga todos los raviolis y la salsa de pasta en una bolsa para congelar y dejarlos congelar.
Cuando esté listo para cocinar, transfiera a la olla eléctrica.
Cubrir con el queso rallado.

Cocine a fuego lento durante 4 a 6 horas aproximadamente y sirva.

## SOPA DE POLLO Y ARROZ

Porciones 2 a 4
Ingredientes
½ libra de pechuga de pollo troceadas
Bolsa de Vegetales congelados - Zanahorias, guisantes, maíz, frijoles
4 cucharadas de Mantequilla
1cubito caldo de pollo
1 taza de arroz
Indicaciones
Ponga el pollo y los vegetales congelados y la mantequilla en una bolsa para congelar y dejarlos congelar.
Cuando esté listo para cocinar, transfiera a la olla eléctrica.
Añadir el cubito de caldo de pollo.
Cocine a fuego lento durante 4 a 6 horas aproximadamente.
Añadir el arroz 20 minutos antes de que se termine de cocer la cocción.
Sirva.

## POLLO Y BOLOS DE MASA

Porciones 4 a 6

Ingredientes

1 Libras de Pollo, sin hueso y piel
1 Cebolla Picada
16 Onzas de Vegetales congelados
2 latas de Crema o Sopa de Pollo
1 lata Masa de Galletas Refrigeradas

Indicaciones

Ponga todos los ingredientes (menos la masa de galletas) en una bolsa para congelar y dejarlos congelar.

Cuando esté listo para cocinar, transfiera a la olla eléctrica.

Cocine a fuego lento durante 6-8 horas y a fuego alto de 4 a 5 horas aproximadamente.

Una hora antes de que este cocido remover el pollo de la olla. desbaratar y colocar de nuevo en la olla eléctrica.

Añadir la masa de galleta, dejar cocinar una hora más y servir.

## POLLO A LA CACIATORE

Porciones 2 a 4

Ingredientes

libra de Pechuga de Pollo troceadas
cucharadas de aceite de oliva
1 bolsa de Pimientos y cebolla congeladas
lata 14 onza de tomates cortados en cubos escurridos
1 tomates fresco picados
1 paquete de hongos troceados
1 cucharada de Especies italianas en polvo
½ cucharadita de sal
2 dientes de ajo machacados
Acompañar con:: Pasta y Queso parmesano

Indicaciones

Ponga todos los ingredientes en una bolsa para congelar y dejarlos congelar.

Cuando esté listo para cocinar, transfiera a la olla eléctrica.

Cocine a fuego lento durante 4 a 6 horas aproximadamente.

Servir con la pasta y el queso parmesano

## FAJITAS DE POLLO

Porciones 2 a 4

Ingredientes

1 libra de pechuga de pollo o 6 tiras de pollo

1 Cebolla picada mediana
pimiento picado
1 tazas de salsa
1 lata de chiles verdes
1 paquete de sazonador de fajita (preferiblemente Old Paso)
cucharadas de aceite de oliva
Acompañar con: Lechuga, Queso, Salsa y Guacamole

Indicaciones

Ponga todos los ingredientes en una bolsa para congelar y dejarlos congelar.

Cuando esté listo para cocinar, transfiera a la olla eléctrica.

Cocine a fuego lento durante6 horas o a fuego alto 4 horas aproximadamente.

Servir con la tortilla y en el tope colocar el queso, la lechuga, salsa y el guacamole y saboree.

## POLLO A LA PHILLY CON REBANADAS DE QUESO

Porciones 6

Ingredientes

3 cucharadas de maicena o fécula de maíz
1 taza de caldo de pollo

libras de pechuga de pollo sin hueso y piel cortadas en tiras
1 Cebolla grande en rodajas
3 pimientos verdes cortados en tiras
½ cucharadita de pimienta negra en polvo
1 diente de ajo machacado
6 rodajas de queso provolone
Acompañar con: Panecillos tibios
Indicaciones
Mezcle la fécula de maíz con el caldo de pollo.
Ponga todos los ingredientes (excepto el queso), en una bolsa para congelar, tirar al tope y dejarlos congelar.
Cuando esté listo para cocinar, transfiera a la olla eléctrica, y cocine a fuego lento durante 6 a fuego aproximadamente-
Cubrir la olla con las rodajas de queso por 10 minutos más, hasta que el queso se derrita.
Servir con los panecillos tibios.

## POLLO CON MANZANA Y BATATAS

Porciones 2 a 4
Ingredientes
1 libra de Pechuga de pollo cortado en

cubos
2 Batatas peladas y cortadas en tiras
1 taza de Salsa de Manzana Sin endulzar
1 taza de Cebollas picadas
2 dientes de ajos machacados
2 cucharaditas de Vinagre de Cidra de Manzana
1 cucharada de Curry en polvo
½ cucharadita de Jengibre molido
Sal al gusto
Pimienta Negra al gusto
Acompañar con: con arroz

Indicaciones

Ponga todos los ingredientes en una bolsa para congelar, dejarlos congelar
Cuando esté listo para cocinar, transfiera a la olla eléctrica.
Cocine a fuego lento por 6 horas aproximadamente.
Sirva con arroz.

## POLLO CON CREMA DE QUESO

Porciones 2 a 4

Ingredientes

2 libras de pechugas de pollo
1 paquete de aderezo para ensalada

4 cucharadas de mantequilla
1 cebolla picada
1 diente de ajo picado
8 onzas de queso crema
1 lata de crema o sopa de pollo
1 taza de caldo de pollo
Indicaciones
Ponga todos los ingredientes en una bolsa para congelar, (excepto el creso crema y el caldo o crema de pollo), y dejarlos congelar

Cuando esté listo para cocinar, transfiera a la olla eléctrica y añada la crema o sopa de pollo y el queso crema.

Cocine a fuego lento de 6 a 8 horas o a fuego alto de 3 a 4 horas aproximadamente.

## POLLO A LA DR. PEPPER

Porciones 4
Ingredientes
3 Pechugas de pollo sin piel
1 lata de Refresco Dr. Pepper
2 cucharaditas de Azúcar morena
1 sobre de sopa de Cebolla
Indicaciones

Ponga todos los ingredientes en una bolsa para congelar, tirar al tope y dejarlos congelar.

Cuando esté listo para cocinar, transfiera a la olla eléctrica.

Cocine a fuego lento de 4 horas o a fuego alto de 3 horas aproximadamente, y sirva.

## CARNE CON JENJIBRE A LA BARBACOA

Porciones 2 a 4
Ingredientes
2 libras e bisteck cortados en tiras
½ taza de salsa Barbacoa
2 cucharadas de jugo de limón
1 cucharada de miel
1 diente de ajo machacado
1 cucharadita de sal.
1 cucharadita jengibre recién molido
1 cucharadita aceite de sésamo
1 cucharadita de salsa de ajo
1 cucharadita de pimienta roja
4 tazas de arroz cocido
Acompañar con:
1 cucharada de semillas de sésamo tostadas
2 cebollín rebanadas

Indicaciones

Ponga todos los ingredientes en una bolsa para congelar (excepto el arroz), tirar al tope y dejarlos congelar.

Cuando esté listo para cocinar, transfiera a la olla eléctrica.

Cocine a fuego lento de 6 a 8 horas o a fuego alto de 3 a 4 horas aproximadamente.

Sirva con el arroz y encima coloque las semillas de sésamo tostadas y el cebollín rebanadas

## PUERCO ASADO CON MIEL Y QUESO PARMESANO

Porciones 2 a 4
Ingredientes
1 libra de cerdo asado deshuesado
2/3 taza de queso parmesano
½ taza de miel
3 cucharadas de salsa de soya
2 cucharadas de albahaca seca
2 cucharadas de ajo en polvo
½ cucharadita de sal
Indicaciones
Ponga todos los ingredientes en una bolsa

para congelar, tirar al tope y dejarlos congelar.

Cuando esté listo para cocinar, transfiera a la olla eléctrica.

Cocine a fuego lento de 7 a 8 horas o a fuego alto de 4 a 5 horas aproximadamente.

## POLLO SON SESAMO Y MIEL

Porciones 2 a 4
Ingredientes
1 libra de pollo tierno
3 cucharadas de aceite de oliva
1 taza de miel
2 cucharadas de semillas de sésamo
½ taza de salsa de soya
1 cucharadita de sal
1 cucharadita de pimienta
Acompañar con arroz
Indicaciones
Ponga todos los ingredientes en una bolsa para congelar, tirar al tope y dejarlos congelar

Cuando esté listo para cocinar, transfiera a la olla eléctrica.

Cocine a fuego lento de 4 a 5 horas

aproximadamente.

Retire el pollo tierno, triture y devuélvalo a la olla.

Sirva con el arroz.

## HOT DOGS ITALIANOS CON PIMIENTA Y CEBOLLAS}

Porciones 2 a 4
Ingredientes
1 libra de chorizo o salchichas italianas
1 pimiento grande
1 cebolla mediana
2 tazas de tomates troceados
2 cucharaditas de cebolla en polvo
2 cucharaditas de ajo en polvo
Acompañar con: pan de perro calientes o hot dogs
Indicaciones
Ponga todos los ingredientes en una bolsa para congelar, tirar al tope y dejarlos congelar

Cuando esté listo para cocinar, transfiera a la olla eléctrica.

Cocine a fuego lento de 6 horas o a fuego alto 4 horas aproximadamente.

Sirva con el pan de perros calientes.

## CREMA DE PAPA COCIDA

Porciones 2 a 4
Ingredientes
1 libra de papas en cubitos
1 taza de cebollas picadas
¾ libras de carne de almuerzo cocinada y cortada
32 onzas de caldo de pollo
2 tazas de crema espesa
Para degustar queso triturado
½ taza de tocino cocinado y troceado
4 tallo de cebollín picados
2 cucharadas de cebolletas
1 taza de cebollas fritas preferiblemente que sean italianas
Indicaciones
1-Ponga las papas, la carne de almuerzo y las cebollas en una bolsa para congelar, tirar al tope y dejarlos congelar
2-Cuando esté listo para cocinar, transfiera a la olla eléctrica.
3- Añada el caldo de pollo y la crema espesa.
4-Cocine a fuego lento de 6 a 8 horas aproximadamente.
Transfiera la sopa a un recipiente y añada

los demás ingredientes.

## SOPA DE MINESTRONE

Porciones 6
Ingredientes
1 Lata de 28 onzas de tomates en cubitos sin escurrir
4 zanahorias grandes peladas y rebanadas
1 libra de judías verdes frescas, cortadas y sin las puntas
2 onzas de espinacas frescas
1 cebolla pequeña pelada y picada
4 dientes de ajo machacados
1 lata de 15 onzas de frijoles escurridos y lavados
1 cucharadita de perejil en polvo
1 cucharadita albahaca en polvo
1 cucharadita de orégano en polvo
½ cucharadita de romero en polvo
2 hojas de laurel
½ cucharadita de azúcar
¼ cucharadita de pimienta negra en polvo
4 cucharaditas de sazón de pollo
5.5 tazas de agua
1 taza de pasta
Indicaciones

1-Ponga todos los ingredientes en una bolsa para congelar (excepto el agua), tirar al tope y dejarlos congelar
2-Cuando esté listo para cocinar, transfiera a la olla eléctrica.
3- Añada 5.5 tazas de agua.
4-Cocine a fuego lento de 6 a 8 horas aproximadamente.
5-Añada la pasta, cocine por 30 minutos y sirva.

## ALBONDIGAS A LA STROGONOFF

Porciones 2 a 4
Ingredientes
1 bolsa congelada grande de albóndigas
1 taza de cebollas cortadas
2 latas de sopa de champiñones
2 tazas de champiñones cortados
1 paquete de queso crema
1 a 8 onzas de crema agria
Acompañar con pasta o arroz
Indicaciones
1-Ponga todos los ingredientes en una bolsa para congelar (excepto el queso crema y la crema agria), tirar al tope y dejarlos congelar

2-Cuando esté listo para cocinar, transfiera a la olla eléctrica.
3-Cocine a fuego lento de 6 a 8 horas aproximadamente.
4-Añada 1 hora antes que este cocinado el queso crema y la crema agria.
5-Serbir con la pasta o arroz.

## SOPA MEXICANA DE TORTILLA DE POLLO

Porciones 2 a 4
Ingredientes
1 cucharada de aceite de oliva
1 cebolla mediana troceada
1 diente de ajo troceado
2 pimientos jalapeños picados
2 cucharaditas de comino
2 cucharaditas de pimienta picante en polvo
1 lata grande de tomates troceados y con el jugo
1 libra de pechuga de pollo
1 caja de cubitos de pollo
Acompañar con jugo de limón, cilantro y una bolsa de tortillas machacadas
Indicaciones
1-Ponga todos los ingredientes en una

bolsa para congelar (excepto el caldo de pollo), tirar al tope y dejarlos congelar
2-Cuando esté listo para cocinar, transfiera a la olla eléctrica.
3-Añada el caldo de pollo.
4-Cocine a fuego lento de 6 a 8 horas o a fuego alto de 3 a 4 horas aproximadamente.
Remover las pechugas de pollo, triturar y volver a colocar en la olla.
6-Servir con el jugo de limón, el cilantro y las tortillas trituradas.

## PASTA A LA FLAGIOLI

Porciones 4 a 6
Ingredientes
1 libra de carne molida cocida
½ cebolla roja grande cortada
1 taza de zanahorias cortadas
2 tallos de celery picados
2 latas de 14.5 onzas de tomates en cubitos
1 lata de frijoles escurridos y secos
1 lata de frijoles blancos escurridos y secos
4 tazas de caldo de carne
1 jarra 16.5 de pasta de tomate

2 cucharaditas de orégano
1 cucharada de salsa de tabasco opcional
½ cucharadita de sal
¼ cucharadita de pimienta negra
Acompañar con ½ taza de pasta corta
Indicaciones
1-Ponga todos los ingredientes en una bolsa para congelar, tirar al tope y dejarlos congelar
2-Cuando esté listo para cocinar, transfiera a la olla eléctrica.
3-Cocine a fuego lento de 6 a 8 horas o fuego alto 4 a 3 horas aproximadamente.
4-Sirva con la pasta.

## ASADO PERFECTO EN OLLA

Porciones 2 a 4
Ingredientes
4 libras de lomo asado
3 cucharadas de aceite de oliva
2 cebollas peladas y picadas por la mitad
6 zanahorias peladas y cortadas en trozos de 2 pulgadas
2 ramitas de romero fresco
2 ramitas de tomillo fresco
taza de vino blanco opcional

tazas de caldo de carne
Indicaciones
1-Ponga todos los ingredientes en una bolsa para congelar, (excepto el caldo de carne y el vino blanco), tirar al tope y dejarlos congelar
2-Cuando esté listo para cocinar, transfiera a la olla eléctrica y añada el vino blanco y el calo de carne.
3-Cocine a fuego lento de 6 a 8 horas o fuego alto 4 a 3 horas aproximadamente.

SOLOMILLO DE CERDO CON SALSA DE ARÁNDANOS Y MANZANA
Porciones 2 a 4
Ingredientes
2 libras deLomo de cerdo sin adobar
1 cucharadita de sal
1 cucharadita de pimienta
½ taza de azúcar morena
2 cucharadas – vinagre de cidra
1 cucharadita de jengibre
1 cucharadita de canela
¼ cucharadita de hojuelas de pimienta roja
½ taza arándanos secos
manzanas peladas y picadas

Indicaciones

Sazone el lomo de cerdo con sal y pimienta.

2-Ponga todos los ingredientes en una bolsa para congelar, tirar al tope y dejarlos congelar

3-Cuando esté listo para cocinar, transfiera a la olla eléctrica.

4-Cocine a fuego lento de 6 a 8 horas aproximadamente hasta que el cerdo este blando.

## SOPA DE BATATA Y MAIZ

Porciones 4

Ingredientes

24 onzas de Papa Roja cortadas en cubitos
3 cucharadas de harina de trigo todo uso
Bolsa de 16 oz de Maíz congelado
1 cucharadita de tomillo seco
1 cucharadita de Orégano seco
½ cucharadita de ajo en polvo
½ cucharadita de cebolla en polvo
Al gusto Sal
Al gusto Pimienta
6 tazas de Caldo de pollo
2 Cucharadas de Mantequilla sin sal

¼ taza de crema espesa
Acompañar con pan

Indicaciones

Ponga todos los ingredientes en una bolsa para congelar (excepto el caldo de pollo, la mantequilla y la crema), tirar al tope y dejar congelar.

Cuando esté listo para cocinar, transfiera a la olla eléctrica.

Añada el caldo de pollo y remover.

Remover con la mantequilla y la crema.

Cocine a fuego lento por 8 horas aproximadamente.

Sirva con el pan tibio.

## FILETES DE SALISBURY CON SALSA DE CREMA DE CHAMPIÑONES

Porciones 2 a 4

Ingredientes

2 libras de carne molida
1 sobre de sopa de cebolla
2 cucharadas de salsa de tomate
2 cucharadas de salsa de carne
½ taza de pan rallado
2 huevos
2 latas de sopa o crema de champiñones

1 taza de caldo de carne
Indicaciones
Mezcle la carne, cebolla la sopa, el pan rallado la salsa de tomate, salsa de carne, los huevos en un recipiente grande y formar unas empanadas.
Ponga las empanadas en una bolsa para congelar y déjelos en el congelador
Cuando esté listo para cocinar, transfiera las empanadas a la olla eléctrica.
Mezcle la sopa o crema de champiñones, y el caldo de carne en un recipiente.
Ponga la mezcla encima de las empanadas.
Cocine a fuego lento por 4 a 6 horas aproximadamente.

## POLLO EN SALSA

Porciones 4 a 6
Ingredientes
6 pechugas de pollo congeladas
1 sobre de sazonador de tacos
1 ½ de salsa
2 tazas de crema de pollo
1 ½ de crema agria
Acompañar con Papas Horneadas o Tallarines

Indicaciones

Ponga todos los ingredientes en una bolsa para congelar y déjelos en el congelador

Cuando esté listo para cocinar, transfiera las empanadas a la olla eléctrica.

Cocine a fuego lento por 6 a 8 horas aproximadamente.

Remueva el pollo tritúrelo y devuelva a la olla.

Cocine por 30 minutos más. aproximadamente.

Sirva con las papas horneadas o con los tallarines

## CHULETA DE CERDO SOFOCADO

Porciones 2 a 4

Ingredientes

4 Chuletas de Cerdo con hueso
1 lata de crema o sopa de champiñones
2 pimientos verdes cortados
1 cebolla grande y cortada
3 dientes de ajos machacados
2 Cucharadas de salsa inglesa
Al gusto sal
Al gusto pimienta
1 caja de caldo de pollo

Indicaciones

Ponga todos los ingredientes en una bolsa para congelar (excepto el caldo de pollo), y déjelos en el congelador

Cuando esté listo para cocinar, transfiera las empanadas a la olla eléctrica y añada el caldo de pollo.

Cocine a fuego lento por 6 a 8 horas y fuego alto 4 a 3 horas aproximadamente y sirva.

## BISTECK SOFOCADOS

Porciones 6

Ingredientes

2 libras de bistecs en cubos

2 latas de crema de pollo o champiñones

2 Lata de 6 onzas de Pasta de tomate

2 Lata de 15 onzas salsa de tomate

1 cucharadita de Orégano

¾ taza de agua

Al gusto sal

Al gusto pimienta negra

Acompañar con arroz o pasta

Indicaciones

Ponga todos los ingredientes en una bolsa para congelar y déjelos en el congelador

Cuando esté listo para cocinar, transfiera a la olla eléctrica

Cocine a fuego lento por 7 a 8 horas y fuego alto 3 a 4 horas aproximadamente y sirva.

## SALSA PARA ESPAGUETTIS

Porciones 2 a 4
Ingredientes
6 tomates grandes picados
¼ aceite de oliva
1 cebolla mediana picada
2 cucharadas de ajo picado
1 cucharada de Orégano
1 cucharada de albahaca
1 cucharada de tomillo
¼ de hierbas italianas (tomillo, albahaca, romero, laurel)
1 taza de vino blanco
2 cucharadas de azúcar
Al gusto sal
Al gusto Grano de Pimienta molida
Acompañar con espaguetis y pan con ajo
Indicaciones
Ponga todos los ingredientes en una bolsa para congelar y déjelos en el congelador

Cuando esté listo para cocinar, transfiera a la olla eléctrica

Cocine a fuego lento por 6 horas y fuego alto 4 horas aproximadamente.

Sirva con el espagueti y con el pan con ajo al gusto.

## SOPA DE GUISANTES

Porciones 2 a 4
Ingredientes
1 libra de guisantes secos
2 tazas de tocineta picada
1 cebolla amarilla cortada en cubitos
1 taza de celery cortado
2 tazas de zanahoria cortada
3 dientes de ajo machacados
½ cucharadita de tomillo
2 hojas de laurel
32 onzas de caldo de pollo
2 tazas de agua
Indicaciones
Ponga todos los ingredientes en una bolsa para congelar (excepto el caldo de pollo y el agua), y déjelos en el congelador

Cuando esté listo para cocinar, transfiera a la olla eléctrica

Añada el caldo de pollo al agua
Cocine a fuego lento por 7 a 8 horas aproximadamente y sirva.

## ESTOFADO CON SALSA DE CARNE

Porciones 2 a 4
Ingredientes
1 libra de carne molida
½ taza de pan rallado
1 sobre de sopa de cebolla
2 huevos
¼ taza de salsa de tomate
3 cucharadas de salsa inglesa
2 cucharadas de salsa de carne
¼ taza de cebolla troceada
Indicaciones
Mezcle todos los ingredientes y forme una bola redonda
Empaque hasta que este firme.
Ponga en el congelador hasta congelar.
Cuando esté listo para cocinar, transfiera a la olla eléctrica.
Cocine a fuego lento de 6 a 8 horas aproximadamente.

## SOPA PICANTE

Porciones 4 a 6
Ingredientes
2 libras de carne molida
1 cebolla mediana cortada
2 Pimientos Verdes picados
Lata 1 x 15 onzas Tomates cortados escurridos
Lata 1 x 15 onzas de Salsa de tomate
2 tazas de agua
1 taza de maíz
1 taza de arroz integral
1 diente de ajo
½ cucharadita de perejil
½ cucharadita de Orégano
2 cucharadas de azúcar morena
2 cucharaditas de sal
1 ½ cucharadita de pimienta negra
Indicaciones
Mezcle todos los ingredientes y ponga en el congelador hasta congelar
Cuando esté listo para cocinar, transfiera a la olla eléctrica.
Cocine a fuego lento de 7 a 8 horas o a fuego alto de 5 a 4 horas aproximadamente y sirva.

# TACO CON CHILE

Porciones 2 a 4

Ingredientes

1 libra de carne molida
1 cebolla mediana picada
1 lata de maíz escurrido
1 lata de frijoles negros escurridos
1 lata de frijoles blancos escurridos
1 lata 8 onzas salsa de tomate
2 latas 14 onzas de tomate troceado
1 lata pequeña de frijoles picantes escurridos
1 paquete de Sazonador pata tacos
Acompañar con: queso triturado, cebollín cortado y tortillas

Indicaciones

Mezcle todos los ingredientes y ponga en el congelador hasta congelar

Cuando esté listo para cocinar, transfiera a la olla eléctrica.

Cocine a fuego lento de 4 a 6 horas aproximadamente.

Sirva con el queso triturado, el cebollín y las tortillas.

## CAZUELA DE PATATAS FRITAS

Porciones 6

Ingredientes

1 libra de carne molida
½ cucharadita de sal
¼ cucharadita de pimienta
2 latas de judías verdes
1 lata de sopa o crema de pollo o champiñones
½ cebolla troceada
¼ taza de leche
1 bolsa de 32 onzas de papas fritas
Acompañar con queso

Indicaciones

Mezcle todos los ingredientes (excepto las papas fritas) y ponga en el congelador hasta congelar

Cuando esté listo para cocinar, rellene con las papas fritas y cubra con los ingredientes congelados a la olla eléctrica.

Cocine a fuego lento de 6 horas o a fuego alto 3 horas aproximadamente.

Sirva con el queso hasta el tope.

## ALAS DE POLLO A LA THAI CON SALSA DE MANI

Porciones 2 a 4
Ingredientes
2 libras de muslos de pollo o alas
½ taza de salsa de tomate (kétchup)
¼ taza de mantequilla de maní
3 cucharadas de jugo de limón
3 cucharadas de salsa de soya
3 cucharadas de agua
2 cucharadas de jengibre fresco cortado
¼ taza de azúcar
2 dientes de ajo cortados
Indicaciones
Mezcle todos los ingredientes y ponga en el congelador hasta congelar
Cuando esté listo para cocinar, transfiera a la olla eléctrica.
Cocine a fuego lento de 6 a 4 horas aproximadamente y sirva.

## SOPA DE CARNE Y VEGETALES

Porciones 4 a 6
Ingredientes
2 libras de carne molida

½ Cebolla mediana cortada en cubos
1 bolsa de 16 onzas de vegetales mixtos congelados
1 lata de frijoles blancos escurridos
2 tazas de maíz congelado
2 tazas de zanahoria picada
5 latas Tomates troceados y Chiles verdes
2 tazas de agua

Indicaciones

Mezcle todos los ingredientes (excepto el agua, los tomates troceados y los chiles verdes) y ponga en el congelador hasta congelar

Cuando esté listo para cocinar, transfiera a la olla eléctrica.

Cocine a fuego lento de 6 a 8 horas y a fuego alto de 3 a 4 horas aproximadamente y sirva.

POLLO BLANCO CON CHILE

Porciones 6

Ingredientes

4 latas 15 onzas Frijoles blancos escurridos
1 lata 15 onzas Frijoles rojos escurridos
14.5 onzas de jitomates troceados
1 lata 7 onzas chiles verdes
½ taza salsa

1 cucharada de sazonador de tacos
1/2 taza de crema agria
½ taza de leche
1 cucharadita de Orégano
1 cucharadita de comino
2 cucharaditas de polvo de chile
3 pechugas de pollo

Indicaciones

Mezcle todos los ingredientes en la bolsa para congelar y tirar al tope, ponga en el congelador hasta congelar

Cuando esté listo para cocinar, transfiera a la olla eléctrica.

Cocine a fuego lento de7 a 8 horas y a fuego alto de 3 a 4 horas aproximadamente y sirva.

# Parte 2

## Introducción

La proteína es uno de los nutrientes más importantes de nuestra alimentación y contribuye energía de manera importante a nuestro cuerpo. La función principal de una proteína es suministrar energía instantánea a las células del cuerpo ayudyo al fenómeno de crecimiento, reparación, y mantenimiento celular.

Las dietas altas en proteína juegan un papel vital en el cuerpo de las personas que quieren lograr fuerza, crecimiento de sus músculos y también llevar un estilo de vida sano saludable.

Los alimentos ricos en proteínas son las mejores fuentes bajas en sodio y se pueden tomar sin sal o con muy poca para mantener bajo control los niveles de sodio en la sangre que ayudan a mantener la presión arterial, la salud del corazón y, por lo tanto, la salud en general.

En este libro, he recolectado muchas recetas deliciosas y saludables que incluyen; comidas y aperitivos ricos en proteínas. Te ayudarán a mantenerte inteligente, sano y en buena forma.

Comer sano y balanceado es una parte importante de nuestra vida diaria. Pero el hecho es que todos llevamos estilos de vida otazaados y ya es muy duro pasar horas en la cocina, hirviendo cosas en la estufa para lograr comidas saludables.

Bueno, olvida esos esfuerzos extras y sigue estas recetas altas en proteínas hechas en una olla de cocción lenta que no te robará mucho tiempo y te dejará disfrutar al máximo de tus comidas.

Además de unas recetas maravillosas, sin complicaciones, rápidas y fáciles, este libro de cocina fitness también revela los secretos de la cocina saludable y la alimentación limpia.

Para recetas sanas y altas en proteínas, las cuales están de acuerdo con las guías recomendadas de la American HealthAssociation, este libro de cocina es una decisión perfecta.

¡¡Así que empecemos!!

**¿Por qué necesitas estas recetas?**

Estas recetas son la mejor decisión para empezar una dieta alta en proteína porque son seguras, sanas y se pueden preparar en poco tiempo.

Comer comidas ricas en proteína promueve la pérdida de peso y la formación de músculos.

La dieta alta de proteína ha reportado menos hambre y más satisfacción. Baja los niveles de colesterol, insulina y ácido úrico en el cuerpo y por lo tanto disminuye los riesgos de colesterol alto, diabetes, enfermedades coronarias y presión alta.

No existe información acerca de sus efectos adversos.

Durante la dieta alta en proteínas, las proteínas magras son la mejor opción de alimentación limpia, ya que contienen menos contenido de grasa y una cantidad adecuada de otros nutrientes.

Las fuentes de proteína recomendadas son;

Las fuentes animales como; huevos, pescado, aves sin piel, y productos lácteos. Todos estos son fuentes completas de proteínas.

Las fuentes vegetales; granos enteros, frijoles, frutas y vegetales. Para cumplir con los requisitos de alto contenido en proteínas, se deben combinarambas fuentes.

Sopa de Lentejas y Vegetales

**Tiempo de Preparación:** 30 minutos
**Tiempo de Cocción:** 6-8 horas
**Porciones:** 10

Ingredientes

¼ taza de proteína de soja texturizada
½ taza de lentejas secas

1 cebolla pequeña, troceada
1 taza de calabacín picado
1 patata grande, troceada
1 ½ zanahorias medianas, troceadas
½ taza de judías verdes, picadas
½ tomate fresco, finamente picado
2 hojas secas de albahaca
1-2 dientes de ajo
2 cubos de caldo de carne
¼ taza de salsa o extracto de tomate
6 tazas de agua
½ cucharadita de sal
¼ cucharadita de pimientanegra

Instrucciones

1. Agregue la proteína de soja, las lentejas, la cebolla, el calabacín, patatas, zanahorias, judías verdes, tomates, albahaca, dientes de ajo, cubos de caldo de carne, y extracto de tomate en la olla de cocción. Mezclebien y luegoañadaagua.
2. Sazone con sal y pimienta. Cubra la olla, y déjelo cocinar de 6 a 8 horasa temperatura bajao hasta que los

vegetales estén suaves.

### Información Nutricional

*Calorías: 48.2 kcal,* **Grasa Total:** *0.2 g,* **Colesterol:** *0.0 mg,* **Sodio:** *448.9 mg,* **Carbohidratos Totales:** *8.9 g,* **Fibra Dietaria:** *2.6 g,* **Proteína:** *3.3 g*

[Escribe un Tweet sobre esta receta](#)

Soufflé de Huevo y Pavo

**Tiempo de Preparación:** 5-10 minutos
**Tiempo de Cocción:** 3-4 horas
**Porciones:** 12

Ingredientes

2 tazasde pechuga de pavo, sin piel y en cubos
½ taza de agua
½ taza de margarina
½ taza de harina
9 huevos medianos, ligeramente batidos
¼ taza de cebollas picadas (opcional)
1 cucharadita de pimienta negra

1 cucharadita de sal

Instrucciones

1. Vierta ½ taza de agua en la ollay luego añada el pavo. Sazone con sal y pimienta.
2. Cubra y cocine de 3 a 4 horasen baja temperatura o 1 ½ en alta temperatura.
3. Mientras tanto, derrita margarinaen una cacerola de dos cuartosyluego revuelva la harina despacio y de manera gradual hasta que la mezcla esté cremosa, por alrededor de 2 minutos. En este punto, apague la estufay añada los huevos.
4. Ahora añada las cebollas, el pavo cocido, y viertaesta mezclaen un molde para hornear de 4 a 6 cuartos de galón ligeramente engrasado, hornéelo sin taparen un horno precalentado (350 ºF o 176 ºC) por unos 40-45 minutoso hasta que esté listo.
5. Cuyo esté cocinado, retírelo del hornoy déjelo reposar por 5 minutosa temperatura ambiente.

6. Transferir inmediatamente este soufflé de huevos y pavo a una lámina de aluminio, envolverlo, y dejarlo reposar por 10 minutos más.
7. Transfiera a una byeja de server blanca.
8. Sirvacaliente.

**Consejo de Receta**

- Cubra la olla con papel de aluminio antes de cocinar para una fácil limpieza.
- Use un termómetro para carne para verificar la cocción del pavo –debería alcanzar 170ºF o 76 ºC.
- La receta se puede dividir en tercios dependiendo de si se necesitan raciones más pequeñas.

*Información Nutricional*

*Calorías: 159.9 kcal,* **Grasa Total:** *9.7 g,* **Colesterol:** *149.4 mg,* **Sodio:** *518.7 mg,* **Carbohidratos Totales:** *7.41 g,* **Fibra Dietaria:** *0.4 g,* **Proteína:** *8.6 g*

- Escribe un Tweet sobre esta receta

## Pollo en Salsa

**Tiempo de Preparación:** 10 minutos
**Tiempo de Cocción:** 10-12 horas
**Porciones:** 4
Ingredientes

4 pechugas de pollo congeladas– sin piel ni huesos
Tarro de 16oz. De salsa Pace Chunky (Suave) o 2 tazasde salsa fresca

Instrucciones

1. Engrase ligeramente el interior de la olla con aerosol de cocina.
2. Acomode las pechugas de polloen la ollay cúbralas de salsa.
3. Cubra y cocine de 6 a 8 horasen alta temperatura o de 10 a 12 horasen baja temperatura.
4. Sirvacon tortillaso como un burrito.

Consejo de Receta

- El tiempo puede variar dependiendo de la olla de cocción, así que revisa el punto de cocción en el tiempo mínimo.

*Información Nutricional*

*Calorías:* 169.8 kcal, *Grasa Total:* 1.5 g, *Colesterol:* 68.4 mg, *Sodio:* 1,036.2 mg, *Carbohidratos Totales:* 8.1 g, *Fibra Dietaria:* 4.0 g, *Proteína:* 27.2 g

- Escribe un Tweet sobre esta receta

Chile de Frijoles de Cocción Lenta–Bajo en Sodio, Bajo en Grasa, Alto en Proteína

**Tiempo de Preparación:** 20 minutos
**Tiempo de Cocción:** 6-8 horas
**Porciones:** 10-12

Ingredientes

1 taza de frijoles pintos secos
1 tazade frijoles rojos oscuros
1 tazade frijoles rojos claros
1 cucharada deaceite de girasol
2 cucharadasde ajo molido
1 tazade carne de pavo molido, retire grasa extra
1 taza de carne molida magra al 93%, cerca de 8 oz.
1 cebolleta, finamente troceada
¾ tazade pimiento verde troceado
1 pimiento rojo grande, en cubos
6 tazasde tomates troceados
1 cucharadita depimienta de Cayena
1 cucharadita decomino
1 cucharadita demejorana
1 cucharadita depimiento negra, bien

molida
1 cucharadade polvo de chile
1 cucharadade orégano
1 cucharada de harina de maíz disuelta en agua (opcional)
Agua, si se requiere
Instrucciones

1. Ponga en remojo los frijoles pintos, rojos oscuros y rojos claros (en tazones separados) durante la noche. A la mañana siguiente, enjuague,drene bien yreserve.
2. Caliente aceite en una cacerola, añada ajoysaltee hasta que esté marrón verdoso, luego mezcle la carne moliday déjelo cocinar de 8 a 10 minutosa temperatura mediahasta que se dore.
3. Luegoañada cebollas, pimiento verde, pimiento rojoypasta de ajo. Revuelvaporunos 2-4 minutos.
4. Aplique aceite de cocina en spray ligeramente en el interior de la olla de cocción lenta.
5. Introduzca la carne molida cocinada, los frijoles pinto, rojo oscuro, rojo claro,

tomates, pimienta de Cayena, comino, mejorana, pimienta negra, polvo de chile, y orégano en la olla de cocción.
6. Mezcle por unos instantes, cubra y cocinede 6 a 8 horas a baja temperatura.
7. Luego retire la tapa, añada la harina de maíz, mezcley pruebepara ajustar la sazón. Añada aguasi se requiere.
8. Cubra nuevamentey déjelo cocinar durante unos 40-50 minutos adicionales.
9. Cuando termine, viertaen tazones grandes para servir, cubrir conhojuelas de maíz, queso, crema agriayhojas de lechuga troceadas.
10. ¡Disfruta!

### *InformaciónNutricional*

*Calorías: 181.8 kcal,* **Grasa Total:** *3.5 g,* **Colesterol:** *11.6 mg,* **Sodio:** *63.0 mg,* **Carbohidratos Totales:** *32.9 g,* **Fibra Dietaria:** *15.0 g,* **Proteína:** *18.4 g*

- Escribe un Tweet sobre esta receta

# Lomo de Cerdo/Res de Cocción LentaySauerkraut

**Tiempo de Preparación:** 10 minutos
**Tiempo de Cocción:** 7-8 horas
**Porciones:** 4

Ingredientes

24 oz. de lomo de cerdo o res - cortado
14 oz. desauerkraut en lata, enjuagadoy drenado
1 cucharadade mostaza dulce con picante
1 taza de Mountain Dewdietética

Instrucciones

1. Engrase ligeramente el interior de la olla con aceite en aerosol antiadherente.
2. Coloque el sauerkraut enjuagado y drenado al fondo de la olla.
3. Coloque el lomo sobre el sauerkraut, esparce mostaza sobre el lomo y finalmente viertalaMountain Dew.
4. Cubra y cocinepor 4 horasa baja temperatura o de 7 a 8 horasen alta temperatura.
5. Sirvecalientey¡Disfruta!

### Consejo de Receta

- Durante la dieta alta en proteína, la carne de res es una major opción que el cerdo porque tiene menos contenido de sodio y grasa comparado con el cerdo.

*Información Nutricional*
*Calorías:* 205.0 kcal, *Grasa Total:* 4.5 g, *Colesterol:* 89.9 mg, *Sodio:* 776.2 mg, *Carbohidratos Totales:* 8.0 g, *Fibra*

***Dietaria:*** *0.0 g,* ***Proteína:*** *31.5 g*

- <u>Escribe un Tweet sobre esta receta</u>

Asado de Cebollas y Champiñones

**Tiempo de Preparación:** 5 minutos
**Tiempo de Cocción:** 8-10 horas
**Porciones:** 8

Ingredientes

32 oz. de lomo de cerdo asado
1 paquete de sopa de cebolla lista
1 tazade crema de champiñones
1 taza de agua

Instrucciones

1. Mezcle la sopa de cebollayla cremade champiñonesen agua.
2. Coloque el lomo de cerdo asado en la olla ligeramente engrasada yviertala mezcla de sopa sobre ella.
3. Cubra y cocinepor 8-10 horasa baja

temperatura o por 4 horasen alta temperatura.
4. Sirva sobre arroz blanco o con fideos.
5. ¡Disfruta!

### Consejo de Receta

- Use papel aluminioen la ollapara fácil limpieza.

*Información Nutricional*

*Calorías: 174.7kcal, **Grasa Total:** 6.3 g, **Colesterol:** 55.6 mg, **Sodio:** 1,495.6 mg, **Carbohidratos Totales:** 11.4 g, **Fibra Dietaria:** 1.0 g, **Proteína:** 20.1 g*

- Escribe un Tweet sobre esta receta

Stroganoff de Carne

**Tiempo de Preparación:** 5 minutos
**Tiempo de Cocción:** 4-7 horas
**Porciones:** 6-8

Ingredientes

32 oz.decortes de carne guisados congelados –cortados en trozos pequeños
1 tazade champiñones frescos, cortados (opcional)
1 paquete de sopa de cebolla lista
1 lata de crema de champiñones, alrededor de 1 1/3 tazas
1 (12oz.) lata de ginger ale, alrededor de 1 ½ tazas
1-cucharadade maicenao mássi se requiere
1-tazade crema agria

*Para Servir:*
1 paquete de fideos de huevo, preparados de acuerdo con las instrucciones del paquete.

Instrucciones

1. Introduzca los cortes de carne guisada, los champiñones, la sopa de cebolla, la crema de champiñonesyel ginger ale en la olla. Cierre la tapaypermita que se

cocine por alrededor de 4-5 horasen alta temperatura o de 6-7 horasen baja temperatura, revolver ocasionalmente.
2. Cuando solo falten 30 minutos, añade la maicena (disuelta en un poco de agua) para espesar.
3. Luego añade la crema agria. Apague el fuego.
4. Sirva el Stroganoff sobre fideos de huevo cocidos.
5. ¡Disfruta!

**InformaciónNutricional**

*Calorías: 357.5 kcal, **Grasa Total:** 14.0 g, **Colesterol:** 114.7 mg, **Sodio:** 1,668.8 mg, **Carbohidratos Totales:** 16.2g, **Fibra Dietaria:** 2.3 g, **Proteína:** 39.7 g*

- <u>Escribe un Tweet sobre esta receta</u>

Pollo de Cocción Lenta con Miel y Semillas de Sésamo

**Tiempo de Preparación:** 5 minutos
**Tiempo de Cocción:** 3-4 horas
**Porciones:** 10

Ingredientes

8 pechugas de pollo- sin hueso ni piel (cerca de 5 oz. Cada una)
1 tazade miel
½ tazade salsa de soya
3-4 cucharadasde salsa de tomate
¼ tazacebolla en cubos
2 cucharadasde aceite de canola
2 dientes de ajo, molidos
½ cucharadita de hojuelas de pimiento rojo (opcional)
3 cucharaditas de harina de maíz disuelta en 6 cucharadasde agua
3-4 cucharadasde semillas de sésamo
Salypimienta, al gusto

Instrucciones

1. Sazone las pechugas de pollo ligeramente con sal y pimiento y colóquelas en la olla.
2. En un tazón pequeño, combine la miel con la salsa de soya, salsa de tomate, cebolla, aceita, ajo molido y hojuelas de

pimiento rojo.
3. Pon la olla en baja temperatura de 3-4 horas oen alta temperatura por 1 ½ – 2 ½ horas, o hasta que el pollo se desmenuce fácilmente con el tenedor.
4. Transfiere el pollo a una tabla para cortar, dejando la salsa en la olla. Añada la harina de maíz disuelta en agua en la salsa, y mezcle por 5-10 minutoso hasta que la salsa espese.
5. Corte las pechugas de pollo en trozos pequeños y luego colóquelos en la olla nuevamente junto con la salsa.
6. Esparce semillas de sésamo por encima y sirva sobre arroz o fideos.

### *Información Nutricional*

*Calorías: 282.4 kcal,* **Grasa Total:** *4.9 g,* **Colesterol:** *65.8 mg,* **Sodio:** *859.6 mg,* **Carbohidratos Totales:** *32.5 g,* **Fibra Dietaria:** *0.5 g,* **Proteína:** *27.5 g*

- <u>Escribe un Tweet sobre esta receta</u>

Patatas con Queso Bajas en Grasa –

## Cocción Lenta

**Tiempo de Preparación:** 2-5 minutos
**Tiempo de Cocción:** 2-3 horas
**Porciones:** 20

Ingredientes

1 tazade queso crema bajo en grasa
½ tazade margarina Light
2 tazasde Velveeta bajo en grasa
2 tazasde queso cheddar, en tiras
1 cebolla mediana, en cubos
1 cucharadita de ajo en polvo
3 paquetes (12 oz.) de patatas hash browncongeladas, sin preparar
Sal y pimienta, al gusto

Instrucciones

1. Coloque los hash browns en la olla, esparza el queso crema, margarina, Velveeta, queso cheddar y las cebollas.Sazone con ajo en polvo, sal y pimienta.
2. Tape la ollay déjelo cocinar por 2-3

horasen alta temperatura.

### *Información Nutricional*

*Calorías:* 145.2, *Grasa Total:* 5.7 g, *Colesterol:* 10.6 mg, *Sodio:* 364.5 mg, *Carbohidratos Totales:* 16.7 g, *Fibra Dietaria:* 1.1 g, *Proteína:* 6.6 g

- [Escribe un Tweet sobre esta receta](#)

## Chile Blanco de Pollo de Cocción Lenta

**Tiempo de Preparación:** 15 minutos
**Tiempo de Cocción:** 6-8 horas
**Porciones:** 12

Ingredientes

4 latas (15 oz.) de frijoles blancos, enjuagadosydrenados
1 lata (15 oz.) pequeña de tomates cortados en cubos
1 lata (5 oz.) chiles verdes asados, finamente cortados
2 paquetes de condimento de chile blanco de pollo

3 tazas de agua

2 pechugas de pollo–sin huesos ni piel (alrededor de 8 oz. cada una.)

Instrucciones

1. Añade los frijoles, tomates, paquetes de condimentoyagua a la olla. Revuelve para mezclarbien.
2. Cubra con las pechugas de pollo, cubra la ollaydéjelo cocinar porunas 6-8 horasen baja temperatura o 3-4 horasen alta.
3. Antes de servir, transfiere las pechugas de pollo a una tabla de cortar y hazlos tiras con un tenedor. Luego regresa el pollo en tiras a la olla, mezcle por unos instantesy sirva.

*Información Nutricional*

*Calorías:* 167.2, *Grasa Total:* 1.1 g, *Colesterol:* 21.8 mg, *Sodio:* 861.7 mg, *Carbohidratos Totales:* 29.9 g, *Fibra Dietaria:* 9.6 g, *Proteína:* 18.2 g

- Escribe un Tweet sobre esta receta

## Sopa de verduras depurativa

**Tiempo de Preparación:** 10 minutos
**Tiempo de Cocción:** 2 horas
**Porciones:** 10

Ingredientes

1 ½ latas detomates guisados
2 cebollas verdes, picadas
1 ½ tazas decaldo de carne
1 paquete de sopa de pollo y fideos instantánea
1 puñado de apio
2 latas dejudías verdes
3-4 tazasde zanahorias baby picadas
2 pimientos verdes, picados
½ cucharadita depimienta negra
Una pizca de sal

Instrucciones

1. Añada tomates, cebollas, caldo de carne, la sopa instantánea, apio, judías verdes, zanahorias baby, ypimientos

verdesen la olla. Sazone con sal y pimienta.
2. Cubray déjelo cocinar por 2 horasen temperatura alta hasta que los vegetales absorban casi todos los sabores.
3. Viertaesta sopa depurativa caliente en los tazones para server y adorne con perejil.

**Información Nutricional**

**Calorías:** *70.6 kcal,* **Grasa Total:** *0.7 g,* **Colesterol:** *1.1 mg,* **Sodio:** *622.6 mg,* **Carbohidratos Totales:** *14.5 g,* **Fibra Dietaria:** *3.5 g,* **Proteína:** *2.8 g*

- Escribe un Tweet sobre esta receta

Pan de Linaza

**Tiempo de Preparación:** 15 minutos
**Tiempo de Cocción:** 3-4 horas
**Porciones:** 14-16

Ingredientes

3 cucharaditas dePolvo de hornear
4 cucharaditas desucralosa (comoSplenda)
½ taza de agua
3 tazasharina de linaza, molida
6-7 huevos grandes, ligeramente batidos
½ taza deaceite de canola
1 cucharadita de sal

Instrucciones

1. En un tazón grande, mezcle todos los ingredienteshasta obtener una masa.
2. Cubra el tazón ydéjelo reposar por 15 minutos a temperatura ambiente.
3. Coloca un salvamanteles de metal en el fondo de tu ollayvierta mediatazade agua.
4. Tome un molde de hacer pan que sea seguro para el horno y que quepa dentro de su olla fácilmente.
5. Engrasa el interior del moldecon spray antiadherente. Coloque la masa en el molde, no lo llene demasiado, deje al menos 1-2 pulgadas de espacio para que el pan crezca. Cubra el tazóncon papel mantequilla o papel aluminio.

Colóquelo sobre el salvamanteles.
6. Tape la olla y póngalo en temperatura baja de 3-4 horas hasta que la corteza esté firme y seca.
7. Use guantes para retirar el molde de la olla. Voltee el molde para que el pan salga.
8. Corte cuando esté frío y ¡Disfruta!

**Consejo de Receta**

- Use el termómetro interno para comprobar el punto de cocción. Debería decir 190ºF (88 ºC) cuando el pan está listo.

*Información Nutricional*

*Calorías: 181.0 kcal, **Grasa Total:** 15.5 g, **Colesterol:** 93.5 mg, **Sodio:** 259.9 mg, **Carbohidratos Totales:** 6.6 g, **Fibra Dietaria:** 6.0 g, **Proteína:** 7.2 g*

- <u>Escribe un Tweet sobre esta receta</u>

## Pasta de Chile Italiano de Cocción Lenta

**Tiempo de Preparación:** 10-15 minutos
**Tiempo de Cocción:** 4 horasy 30 minutos
**Porciones:** 4-6

Ingredientes

16 oz.desalchicha de pavo italianapicante
1 cucharadade aceite vegetal
1 tazade cebolla picada
½ tazade apio picado
1 zanahoria mediana, peladay cortada
1 ½ cucharadas de mezcla lista de condimentos italianos
¼ cucharadita de hojuelas de pimienta roja
1 cucharadita de azúcar
2 cucharadasde pasta de ajo
Lata de 15 oz.de frijoles cannellini, sin drenar
Lata de 14.5 oz. detomates guisados estilo italiano
6 oz.de pasta de tomate en lata
½ tazade vino tinto seco (también puedes usar agua o caldo de pollo, carne o vegetales)

Sal, al gusto
1 tazade pastas, macarrones, fideos o espaguetis sin cocer
Perejilpicado, para decoración

Instrucciones

1. Caliente el aceite vegetal en una sartén mediana a temperatura media, luego añade salchichasy cocine hasta que esté dorado, transfiere las salchichas a un tazón mediano, dejando la grasa en la sartén. Desmenuce las salchichasyreserve.
2. Añada la cebolla picada en el aceite restante, luego añade apio, zanahorias, condimentación italiana, hojuelas de pimiento, azúcar y sal. Saltee por 8 minutos hasta que los vegetales estén suaves.
3. Añada ajoyrevuelva hasta que esté fragante, alrededor de 1 minuto.
4. En la olla de cocción lenta, añada las salchichas desmenuzadas, frijoles, tomates guisados, pasta de tomateyvino tinto. Mezcle bien, Cubra

la tapa, y cocine por 4 horas a temperatura baja.
5. Cuando los frijoles estén casi listos, añada la pasta a la olla, revuelva, cubra, y deje cocinar nuevamente por 15 a 30 minutos adicionales en alta temperatura, hasta que la pasta esté cocinada.
6. Sirva en los platos y decore con perejil.

*Información Nutricional*

*Calorías: 343.4 kcal, Grasa Total: 10.0 g, Colesterol: 56.0 mg, Sodio: 1672.3 mg, Carbohidratos Totales: 38.9g, Fibra Dietaria: 8.1 g, Proteína: 23.2 g*

- **Escribe un Tweet sobre esta receta**

Quinoa de Cocción Lenta

**Tiempo de Preparación:** 5 minutos
**Tiempo de Cocción:** 3 horas
**Porciones:** 4

Ingredientes

1 taza dequinoa, sin cocinar
5-6 oz.de garbanzos bajos en sodio drenados y enjuagados (alrededor de 2/3 de taza)
1 tazade maíz congelado
½ tazade frijoles negros drenados y enjuagados
1 pimiento rojo, picado
2-3 tomates Roma, picados
½ cebolla grandeno muy picada
½ cucharadade semillas de comino
1 cucharada de ajo molido
Una pizca de sal, o al gusto
Una pizca depimienta negra
1 ½ cucharadasde salsa de una lata de pimientos chipotle en salsa de adobo
2 tazas de caldo de pollo o vegetales bajo en sodio
Queso cheddar en tiras, para decorar
Cilantro fresco, para decorar

Instrucciones

1. Engrasa el interior de tu olla con spray de cocina antiadherente.

2. Introduce la quinoa, garbanzos, maíz, frijoles negros, pimientos rojos, tomates, cebolla, semillas de comino, ajo, sal, pimienta, y salsa de adobo en la olla. Mezcla hasta que estébiencombinado.
3. Viertael caldo de vegetales, ycubra la olla. Cocine en alta temperatura por 3-3 ½ horas.
4. Una vez cocinado, pruebepara ajustar la sazóny decore con quesoy cilantro.
5. Sirvacaliente.

*InformaciónNutricional*

*Calorías:* 327 kcal, *Grasa Total:* 5.0 g, *Colesterol:* 0.0 mg, *Sodio:* 356.0 mg, *Carbohidratos Totales:* 61.2 g, *Fibra Dietaria:* 13g, *Proteína:* 14g

- <u>Escribe un Tweet sobre esta receta</u>

Tarta de verduras con bollos de parmesano y pimienta negra

**Tiempo de Preparación:** 5-10 minutos
**Tiempo de Cocción:** 4 horasy 15 minutos

**Porciones:**

Ingredientes

*Para el relleno*
2 cucharadasde aceite de oliva extra virgen, dividido
8 oz. de papas rojas, peladas y picadas en cubos
3 zanahorias en cubos
1 tazade pastinaca en cubos
¾ tazade apio picado, alrededor de 3 tallos
2 (8-onzas) paquetes de champiñones criminiprecortados
Sal, si es necesario
½ cucharadita depimienta negra bien molida
1cucharadade ajo molido
2 ½ cucharadasde harina
1 ½ tazasde leche baja en grasa
¾ tazade caldo de vegetales orgánicos
2 tazasde guisantes petit congelados
1 ½ cucharadasde tomillo fresco, fresco
1 (16-onzas) paquete de cebollas perla congeladas

*Para la cobertura del bollo*
1 2/3 tazasde harina, alrededor de 7.5 oz.
1 ½ cucharaditas depolvo de hornear
¾ cucharadita debicarbonato de sodio
4 ½ cucharadasde mantequilla sin sal, cortada en trozos
½ tazade queso parmesano, recién rallado
3 cucharadasde cebolletas frescas, picadas
1 tazade suero de leche bajo en grasa
Una pizca de sal
1 cucharadita de pimienta negra recién molida

Instrucciones

1. Para el relleno, caliente aceite en una sartén grandea temperatura media-alta, añade las papas, zanahorias, pastinaca, apio, champiñones, sal y pimienta, saltee por 4-5 minutos, luego agregue el ajo y transfiera esta mezcla de vegetales a la olla de cocción lenta.
2. En una sartén pequeña, caliente 1 ½-cucharada de aceite a fuego medio-alto, y añada la harina lenta y gradualmente, mezcle contantemente

por alrededor de 1 minuto. Luego añada leche y caldo y revuelva hasta que se logre una textura espesa y burbujeante.
3. Viertaesta salsaen la olla de cocción, que ya contiene la mezcla de vegetales. Mézclelo bien la combinar.
4. Añada los guisantes, tomillo y cebollas. Cubra, y cocine por 3 horas en baja temperatura.
5. Para la cobertura del bollo, en un tazón grande, añada harina, polvo de hornear, bicarbonato de sodio, mantequilla sin sal, queso parmesano, cebolletas, suero de leche, sal, ypimienta. Mezclebien hasta que estécombinado.
6. Luego de 3 horas, retire la tapa de la olla,Coloque la mezcla del bollo sobre el relleno en 8-10 montículos iguales para cubrir el relleno, cubra la olla, ponga la olla en temperatura alta,y déjelo cocinar1 hora 15 minutos máso hasta que los bollos estén listos.
7. Déjelo reposar por 5 minutosa temperatura ambiente antes de servir.

8. ¡Sirvaydisfrute esta deliciosa receta alta en proteína!

**Información Nutricional**

*Calorías: 346 kcal, **Grasa Total:** 13 g, **Colesterol:** 25 mg, **Sodio:** 606 mg, **Carbohidratos Totales:** 48 g, **Fibra Dietaria:** 5g, **Proteína:** 12 g*

- <u>Escribe un Tweet sobre esta receta</u>

Boloñesa de Cocción Lenta

**Tiempo de Preparación:** 15-20 minutos
**Tiempo de Cocción:** 6 horas
**Porciones:** 20

Ingredientes

4-onzas de panceta, picada (o corte central de tocino)
1 cucharadade mantequilla
1 cebolla blanca grande, picada
2 tallos de apio, picados
2 zanahorias medianas, picadas

32 oz. de carne molido al 95%
¼ tazade vino blanco
2 (28 onzas) latas de tomates machacados
3 hojas de laurel
Sal y pimienta, al gusto
¼ tazade perejil fresco picado
½ tazade crema de leche
Pasta cocida, para servir

Instrucciones

1. En una cacerola grande y profunda, derrita mantequilla y saltee la panceta a baja temperatura hasta que esté suave, alrededor de 4-5 minutos.
2. Añade mantequilla, cebollas, apio y zanahorias y cocine a baja temperatura hasta que esté suave, alrededor de 5 minutos, luego añada carne, sazone con sal y pimienta, suba el fuego, ycocine hasta que la carne se dore.
3. Cuando esté casi listo, drene la grasa, añada vino blanco, ydéjalo hervir a fuego lento hasta que se reduzca por alrededor de unos 3-4 minutos.
4. Viertaesta mezcla en la olla. Añada

tomates, hojas de laurel, sal y pimiento; cubra, y cocinea temperatura baja alrededor de 6 horas, hasta que esté cocinado perfectamente.
5. Cuando esté listo, ajuste la condimentación, añade la crema de leche y el perejil; revuelva, y sirva sobre su pasta favorita.

*Información Nutricional*
*Calorías: 142.9 kcal, **Grasa Total:** 7.1 g, **Colesterol:** 47.8 mg, **Sodio:** 145.2 mg, **Carbohydrate:** 5.1 g, **Fibra Dietaria:** 0.9 g, **Proteína:** 15.0 g*

- Escribe un Tweet sobre esta receta

Ragu De Estofado de Ternera Con Polenta de Cocción Lenta

**Tiempo de Preparación:** 5 minutos
**Tiempo de Cocción:** 7-8 horas
**Porciones:** 10

Ingredientes

*Para el Ragu de Estofado de Ternera*
48 oz. de carne asada
½ cebolla blanca, picada
1 ½ cucharadasde ajo molido
2 (28 oz.) latas de tomates enteros San Marzano, sin drenar
½ tazade vino tinto
2-3 cucharadasde pasta de tomate
1 cucharadita de albahaca fresca
½ cucharadita de orégano seco
2 hojas de laurel
1 cucharadade aceite de oliva
Sal y pimienta, al gusto

*Para la Polenta*
6 tazas de agua
1-2 cucharaditas de sal
1¾ tazade harina de maíz amarilla
3 cucharadasde mantequilla
Instrucciones

1. Para el ragu de estofado de ternera,añada aceiteen la olla, luego agregue carne, cebolla picada, ajo, tomates, vino tinto, pasta de tomate, albahaca, orégano y hojas de laurel.

2. Sazone con sal y pimienta, cubra la ollacon su tapay déjelo cocinar de 7 a 8 horas en baja temperatura.
3. Cuando la carne esté casi lista, yse deshaga fácilmente, triture la carne en pedazos, utilizando tenedores, mézclelo bien.
4. Para la polenta, hierva agua en la cacerola, yespolvoree con sal. Añada gradualmente la harina de maíz, mezclando constantementepara evitar grumos por unos 2-3 minutoso hasta que la polenta empiece a espesar.
5. Retire del fuego, agregue la mantequilla, mezcle bien hasta que la mantequilla se derrita.
6. Vierta la polenta en los platos, ycubra con el ragu de estofado de carne.

### Consejo de Receta

- Para una polenta sólida y masticable, transfiere de la cacerola a un plato normal, y déjelo reposar a temperatura ambiente por 15-20 minutos, yluego

córtelo en trozos.
- Para una polenta suave, sirva inmediatamente luego de retirar del fuego.
- Retire las hojas de laurel antes de servir.

***Información Nutricional:***
***Calorías:*** *359.3 kcal,* ***Grasa Total:*** *14.2 g,* ***Colesterol:*** *99 mg,* ***Sodio:*** *658.1 mg,* ***Carbohidratos Totales:*** *23.2g,* ***Fibra Dietaria:*** *2.9g,* ***Proteína:*** *32.8g*

- <u>Escribe un Tweet sobre esta receta</u>

Carne de res agridulce con pimientos y piña

**Tiempo de Preparación:** 20 minutos
**Tiempo de Cocción:** 6 horas& 20 minutos
**Porciones:** 6

Ingredientes

1 ½ oz. De lomo de terneracortado en trozos de 1- a 1½ pulgadas

1 cebolleta, cortada a lo largo
2 dientes de ajo, en rodajas finas
1 chile rojo seco, entero
½ taza de caldo de pollo, bajo en sodio
¼ taza de salsa de soya, bajo en sodio
¼ taza de vinagre blanco
3 cucharadas pasta de tomate
3 cucharadas de azúcar morena o blanca
2 cucharadas de jugo de caña evaporado orgánico
1 cucharada de miel
½ cucharadita de jengibre molido
¼ taza de jugo de naranja fresco
2 cucharadas de harina de patata
1 pimiento verde, sin semillas y picado
1 pimiento rojo, sin semillas y picado
1 taza de trozos frescos de piña

Instrucciones

1. En un tazón grande, combine caldo de pollo, salsa de soya, vinagre, pasta de tomate, azúcar, jugo de caña, miel y jengibre.
2. Engrase la olla, coloque los trozos de lomo, añada cebollas, ajo, chile

rojoymezcle.
3. Mezcle bien, cubra la tapaydeje la olla en baja temperatura por alrededor de 6 horas.
4. Antes de que acaben los últimos 30 minutos, disuelva laharina de patataen el jugo de naranja, retire la tapa de la olla, viertaesta mezcla junto con el pimiento verde, pimiento rojo y los trozos de piña.
5. Mezcle, cubra, ycocine por los 30 minutos restantes.

### Consejo de Receta

- Retire y deseche el chile rojo antes de servir.

*Información Nutricional*
*Calorías: 247.8 kcal,* **Grasa Total:** *3.1 g,* *Colesterol: 73.7 mg,* **Sodio:** *447.0 mg,* **Carbohidratos Totales:** *28.1 g,* **Fibra Dietaria:** *2.0 g,* **Proteína:** *26.5 g*

- Escribe un Tweet sobre esta receta

## Lomo de Pavo con Fideos en Salsa de Ajo

**Tiempo de Preparación:** minutos
**Tiempo de Cocción:** 6-8 horas
**Porciones:** 8-10

Ingredientes

2-lomos de pavo (alrededor de 24 oz. Cada uno)
4 cucharadas desalsa de soya, bajo en sodio
1 cucharadade salsa hoisin
1 cucharadade salsa de tomate
1 cucharadita de azúcar
1 cucharadita de jengibre recién rallado
1 cucharadade ajo molido
2 ½ cucharadasde vinagre de arroz sazonado
1 cucharadita de aceite de sésamo
16 oz. de fideos estilo chino, sin cocinar
1 tazade zanahorias, cortadas en palitos
¾ tazade cebollas verdes, cortadas en diagonal

½ tazade hojas de cilantro frescas
1/3 tazade cacahuetes tostados, picadosysin sal
Rodajas de limón, para servir

Instrucciones

1. Coloque el lomo de pavoen la olla.
2. En un tazón pequeño, mezcle unacucharadasalsa de soya, salsa hoisin, salsa de tomate, azúcar, jengibre, yajo. Rocíeestamezclasobreloslomos.
3. Cubra la tapa, y déjelo cocinar por 6-8 horasen temperatura baja o 3 ½ horas en alta.
4. Mientras tantohierve los fideos de acuerdo a las instrucciones del paquete, y déjelos a un lado.
5. En una cacerola pequeña, saltee zanahorias y cebollas por 5 minutos, déjelas a un lado.
6. Cuando la carne esté casi lista, retire la tapa, ycuidadosamente transfiera la carne a una tabla de cortar. Córteloentrozospequeños.

7. Cuele el líquido de cocción a través de un tamiz en un tazón. Devuelva este líquido y los trozos de pavo a la olla, mezcle la salsa de soya restante, el vinagre y el aceite de sésamo.
8. Cubra y cocineen alta temperatura por 10 minutos.
9. Cuando esté listo, apague la olla de cocción lenta, ymezcle los fideos hervidos, zanahorias, cebollas, cacahuetes y hojas de cilantro.
10. Sirva en los tazones, espolvorea un poco de cilantro encima y sirve con rodajas de limón.

*Información Nutricional*
*Calorías: 303.0 kcal, Grasa Total: 6.0 g, Colesterol: 71.9 mg, Sodio: 555.1mg, Carbohidratos Totales: 34.2g, Fibra Dietaria: 3.0g, Proteína: 28.3g*

- Escribe un Tweet sobre esta receta

# Asado de paletilla de cordero alto en proteínas

**Tiempo de Preparación:** 2 Horas
**Tiempo de Cocción:** 7-8 horas
**Porciones:** 4-6

Ingredientes

¼ tazade salsa de soya, baja en sodioylibre de gluten
¼ tazade salsa hoisin
3 cucharadas de salsa de tomate
3 cucharadasde miel
2 cucharaditas de ajo molido
1 ½ cucharaditas de jengibre recién rallado
1 cucharadita de aceite de sésamo
½ cucharaditade polvo de cinco especias
32 oz. de paletilla de cordero sin hueso,cortado
½ taza decaldo de pollo, libre de grasa, bajo en sodio

Instrucciones

1. En un tazón pequeño, añadesalsa de

soya, salsa hoisin, salsa de tomate, miel, ajo, jengibre, aceite de sésamoy el polvo de cinco especias. Mezclebien.
2. Viertael marinado en una bolsa de plástico, agrega la carne a la bolsa, séllela, sacuda bien, ycolóquela en el refrigerador por unas 2 horas.
3. Luego de marinar, transfiere losingredientesde la bolsa a la olla de cocción, cúbralay deje cocinar por 7-8 horas en temperatura baja.
4. Cuando termine, transfiere la carne a la tabla de cortar, dejando el líquido en la olla.
5. Desmenuza la carne con tenedoresyreserve.
6. Añadecaldo de polloal líquido de la ollaydéjelo hervir a temperatura alta por 30 minutoso hasta que la salsa espese.
7. Sirva la carne desmenuzada con salsa.

**Consejo de Receta**

- Use cucharas con ranuras para

transferir la carne de la olla de cocción a la tabla de cortar.
- Deje reposar la carnea temperatura ambiente, antes de desmenuzar.

**Información Nutricional**
*Calorías: 260.1 kcal,* **Grasa Total:** *20.2 g,* **Colesterol:** *70.2 mg,* **Sodio:** *60.0 mg,* **Carbohidratos Totales:** *0.0 g,* **Fibra Dietaria:** *0.1 g,* **Proteína:** *17.3 g*

- <u>Escribe un Tweet sobre esta receta</u>

Avena Cortada de Pay De Manzana de Cocción Lenta

**Tiempo de Preparación:** 2-5 minutos
**Tiempo de Cocción:** 6-8 horas
**Porciones:** 4

Ingredientes

1 taza deavena cortada
4 tazasde leche de almendras, sin endulzar
2 manzanas medianas, picadas en trozos pequeños

1 cucharadita deaceite de coco
1 cucharadita decanela
¼ cucharadita de nuez moscada
2 cucharadas de miel de maple
Un poco de jugo de limón

*Coberturas*
Mantequilla de maní
Rodajas de manzana frescas

Instrucciones

1. Coloque todos losingredientesen la olla de cocción, mezcle, cubra y cocine por 6-8 horasen temperatura baja o 3-4 horasalta.
2. Cuando termine, sirva en tazonesycubra con mantequilla de maníyrodajas de manzana.

**Información Nutricional**
**Calorías:** *180.0 kcal,* **Grasa Total:** *5.1 g,* **Colesterol:** *0.0 mg,* **Sodio:** *134.9 mg,* **Carbohidratos Totales:** *31.0g,* **Fibra Dietaria:** *5.0 g,* **Proteína:** *5.1 g*

- [Escribe un Tweet sobre esta receta](#)

### Cacerola de Hash Browns, Huevo y Tocino

**Tiempo de Preparación:** 30 minutos
**Tiempo de Cocción:** 4-5 horas
**Porciones:** 6-8

Ingredientes

Bolsa de 20 oz. de hash browns congelados y triturados
8 tiras de tocino, cocinadas y picadas
½ tazade queso cheddar, en tiras
6 cebollas verdes, picadas
12 huevos, ligeramente batidos
½ tazade leche, baja en grasa
Sal y pimienta, al gusto
Spray de cocina

Instrucciones

1. Engrase ligeramente el interior de la olla con spray de cocina.
2. Coloque los ingredientesen capas; empiece con la primera capa con la

mitad de los hash brownsen el fondo de la olla, luego la mitad del tocino, la mitad del queso, y complete esta capa con 1/3 delas cebollas verdes.
3. Repita la segunda capa en el mismo orden.
4. En un tazón pequeño, bata los huevos y la leche. Sazone con sal y pimienta.
5. Esparza esta mezcla uniformemente sobre la segunda capa.
6. Cubra la olla, ycolóquelo en baja temperatura por 4-5 horaso en alta por 2-3 horas, hasta que la capa de huevo se cocine.
7. Esparza con las cebollas restantes y tocino.
8. Sirva con su salsa favorita.

*Información Nutricional*
*Calorías: 342.0 kcal, **Grasa Total:** 21.9 g, **Colesterol:** 330.0 mg, **Sodio:** 648.0 mg, **Carbohidratos Totales:** 14.1 g, **Fibra Dietaria:** 2.0 g, **Proteína:** 21.2 g*

- Escribe un Tweet sobre esta receta

## Frittata con Alcachofas, Pimiento Asado, y Queso Feta de Cocción Lenta

**Tiempo de Preparación:** 5-10 minutos
**Tiempo de Cocción:** 2-3 horas
**Porciones:** 6-8

Ingredientes

½ cucharadade mantequilla, derretida
14 oz. de corazones de alcachofa pequeños, cortados en trozos pequeños
12 oz. de pimientos rojos asados. Cortados en julianas
¼ tazade cebollas verdes, cortadas en trozos delgados
4 oz. de queso Feta, desmenuzado
8 huevos, ligeramente batidos
1 cucharaditade pimienta de Jamaica
Perejil picado, para decorar

Instrucciones

1. Saltee las alcachofasy las cebollas por 5 minutosen ½ cucharada de mantequilla.

2. Engrase la olla; añada las alcachofas, pimientos asados, ycebollas verdes. Mezcle bien.
3. Añada huevos, Mezcle bien, cubra con queso feta, ycondimente con la pimienta de Jamaica.
4. Cubra y cocine por 2-3 horaso hasta que los huevos estén lo suficientemente firmes.
5. Usando cucharas ranuradas, transfiere a la bandeja para servirycorte en trozos con un cortador de pizzas.
6. Esparza perejil fresco picado.
7. Sirvecaliente.

### *InformaciónNutricional*
*Calorías:* 206.7 kcal, *Grasa Total:* 13.0 g, *Colesterol:* 289.1 mg, *Sodio:* 124.5 mg, *Carbohidratos Totales:* 7.9 g, *Fibra Dietaria:* 3.1 g, *Proteína:* 13.1 g

- Escribe un Tweet sobre esta receta

Pollo Jerk de Cocción Lenta
**Tiempo de Preparación:** 2 minutos

**Tiempo de Cocción:** 4 horas
**Porciones:** 8-10

Ingredientes

10 muslos de pollo, cerca de 3 oz. cada uno
1 tazadecebollas verdes picadas
¾ cucharadita detomillo seco
1 diente de ajo, pelado
¼ cucharadita depimienta de Cayena
1 cucharadita de pimiento de Jamaica molida
1 cucharadita de mostaza seca, molida
¼ cucharadita decanela
1 cucharadade jugo de limón, recién exprimido
1 cucharadade miel orgánica
Sal, al gusto
1 cucharadita de aceite de coco, para engrasar

Instrucciones

1. Añadacebollas verdes, tomillo, ajo, pimienta de Cayena, pimiento de

Jamaica, mostaza, canela, jugo de limón, miel, y sal en la licuadora y licúe hasta conseguir una pasta suave.
2. Engrase la olla conaceite de cocoy coloque los muslos de polloyvierta la mezcla licuada. Mezcle bien.
3. Cubra y cocine por 4 horasa baja temperatura.
4. Cuando termine, transfiere a una bandeja de horneary ase por 5 minutos, hasta que el pollo esté crujiente por fuera.

*Información Nutricional*
*Calorías:* 252.2 kcal, *Grasa Total:* 4.9 g, *Colesterol:* 184.0 mg, *Sodio:* 375.1 mg, *Carbohidratos Totales:* 6.0 g, *Fibra Dietaria:* 1.0 g, *Proteína:* 34.1 g

- <u>Escribe un Tweet sobre esta receta</u>

Pollo Korma de Cocción Lenta
**Tiempo de Preparación:** 5-10 minutos
**Tiempo de Cocción:** 6 horas
**Porciones:** 4-6

Ingredientes

1 pollo entero, sin piel y cortado en trozos pequeños
2 cucharadas de mantequilla o aceite (lo que prefieras)
1 cebolla, bien picada
1 cucharada de pasta de ajo
2 cucharadas de jengibre fresco, picado
2 cucharaditas de polvo de curry
1 cucharadita de semillas de cilantro molidas
1 cucharadita de semillas de comino
½ cucharadita de hojuelas de pimienta roja
2 tazas de papas en cubos (opcional)
½ cucharadita de hebras de azafrán
2/3 taza de pasta de tomates ciruela, cerca de 12 oz.
1 hoja de laurel
1 palo de canela mediano
½ taza de yogurt natural sin grasa
1 cucharadita de sal, o al gusto

*Para Servir*
Arroz hervido

Cilantro fresco

Instrucciones

1. Derrita mantequilla en una cacerola pequeña a fuego medio, mezcle las cebollasy saltee por 3-5 minutos hasta que estén transparentes.
2. Luegoañada ajoymezcle por un minuto, hasta que esté fragante.
3. Viertalos ingredientes de la cacerolaen la olla de cocción; añada pollo, pasta de tomate, jengibre, polvo de curry, cilantro, comino, hojuelas de pimienta, papas, hebras de azafrán, pasta de tomate, hoja de laurel, palo de canela, yogurt, y sal.
4. Mezcle, cubra y cocine por 6 horas en baja temperatura.
5. Sirva calientecon arroz hervidoyespolvoree hojas de cilantro.

***Información Nutricional***
***Calorías:*** *297.0 kcal,* ***Grasa Total:*** *6.0 g,* ***Colesterol:*** *93.9 mg,* ***Sodio:*** *91.1mg,* ***Carbohidratos Totales:*** *14.0 g,* ***Fibra***

*Dietaria:* 4.0g, *Proteína:* g

- <u>Escribe un Tweet sobre esta receta</u>

Receta de Pollo y Chile de Frijoles Blancos de Cocción Lenta

**Tiempo de Preparación:** 10 minutos
**Tiempo de Cocción:** 8 horas
**Porciones:** 6

Ingredientes

6 pechugas de pollo, sin piel, sin hueso y en trozos (cerca de 3-4 oz. cada una)
1 cebolla pequeña, picada
2 jalapeños pequeños, picados
1 diente de ajo, pelado y molido
½ cucharadita de semillas de comino
½ cucharadita de orégano seco
¼ cucharadita de polvo de ajo
¼ cucharadita de polvo de cebolla
3-4 cucharadas de pasta de chile verde
1 taza de salsa verde
2 latas de frijoles blancos, drenados y enjuagados

4 tazasde caldo de pollo
1 limón, recién exprimido
Sal para sazonar, al gusto

Instrucciones

1. Coloque las cebollas, jalapeños y ajo molidoen la olla.
2. Cubra con las pechugas de polloylas especias, mezcle con la pasta de chile verde y salsa verde.
3. Finalmente, añada los frijoles blancosy elcaldo de pollo.
4. Mezcle, cubraydeje hervir a fuego lento por 8 horaso en alta temperatura por 4 horas.
5. Cuando termine, desmenuce el pollo con tenedores.
6. Añada el jugo de limón, ypruebepara ajustar la sazón.
7. Otra vez, hierva a fuego lento de 10-15 minutos adicionales en temperatura alta.
8. Sirvay¡Disfruta!

***InformaciónNutricional***

*Calorías:* 170.0 kcal, **Grasa Total:** 3.6 g, *Colesterol:* 85.0 mg, **Sodio:** 74 mg, *Carbohidratos Totales:* 2.1 g, **Fibra Dietaria:** 1.2 g, **Proteína:** 31.0 g

- Escribe un Tweet sobre esta receta

Taco de Pollo de Cocción Lenta

**Tiempo de Preparación:** 2 minutos
**Tiempo de Cocción:** 6 horas
**Porciones:** 10-12

Ingredientes

80 oz. de pollo sin huesocortado en trozos
2 tazasde tomates guisados, sin sal
2 ½ tazasde queso para nachos
2 ½ tazasde tomates mexicanos en cubos
3 tazasde maíz entero, drenado
4 cucharaditas de mezcla de condimentos para tacos, bajo en sodio
½ cebolla roja, bien picada

*Para las cubiertas*
Nacho Blend Cheese

Instrucciones

1. Añada todos los ingredientesen una olla engrasada.
2. Cubra, y cocineen temperatura baja por 5-6 horas.
3. Cuando termine, cubra con queso de nachos, luego sirvay¡Disfrute!

**Consejo de Recetas**

- Cubra el interior de la olla con papel aluminio para una fácil limpieza.

***Información Nutricional***
*****Calorías:** 239.0 kcal, **Grasa Total:** 14.0 g, **Colesterol:** 88.0 mg, **Sodio:** 82 mg, **Carbohidratos Totales:** 0 g, **Fibra Dietaria:** 0 g, **Proteína:** 27 g*

- <u>Escribe un Tweet sobre esta receta</u>

## Pollo BBQ cocido a fuego lento

**Tiempo de Preparación:** 2 minutos
**Tiempo de Cocción:** 6-7 horas
**Porciones:** 6-8

Ingredientes

80 oz. depechugas de pollo
½ taza (cerca de 4 oz.) de aderezo italiano, sin grasa
3 cucharadasde vinagre de sidra de manzana
12 oz. de salsa BBQ
1 cebolla amarilla mediana, picada
½ cucharadita dehojuelas de pimienta roja

Instrucciones

1. Coloque todos los ingredientesen la olla, mezcle, cubra, y déjelo cocinar por 6 horasbaja temperatura o por 3 horasen alta.
2. Cuando termine, desmenuce el polloy déjelo cocinar por 45 minutos adicionales.

3. Luego de 45 minutos, retire la tapa de la ollaycoloque el papel aluminio sobre el pollo.
4. Quema una pieza de carbón al rojo vivo en el fuego, salpique agua sobre el carbónycolóquelo inmediatamente sobre el papel aluminio, cubra la tapa, solo por 10 segundos. Luego retire el carbónyel papelaluminio.
5. Sirva el pollo BBQ en un sandwich o hamburguesayiDisfruta!

**Información Nutricional**
*Calorías: 239.0 kcal, **Grasa Total**: 14.0 g, **Colesterol**: 88.0 mg, **Sodio**: 82 mg, **Carbohidratos Totales**: 0 g, **Fibra Dietaria**: 0 g, **Proteína**: 27 g*

- <u>Escribe un Tweet sobre esta receta</u>

Pollo Italiano cocido a fuego lento (Bajo en Grasa y Alto en Proteína)

**Tiempo de Preparación:** 2-5 minutos
**Tiempo de Cocción:** 6-8 horas
**Porciones:** 4-6

Ingredientes

72 oz. detrozos de pollo sin hueso
1 cucharaditade condimento italiano
½ cebolla roja, picada
2 cucharadasde ajo molido
1 paquete de mezcla lista de aderezo italiano para ensaladas
1 1/3 taza (cerca de 10.5 oz.) crema de champiñones, 98% libre de grasa
½-taza de agua
8oz de queso crema, libre de grasa
1 ½ tazasde champiñones baby
Pimienta negra, al gusto

Instrucciones

1. Añada todos los ingredientesen la olla de cocción engrasada.
2. Cubra, y cocine en temperatura baja por 6-8 horas.
3. Sirva con vegetales.
4. ¡Disfrute esta deliciosa receta con su familia!

*Información Nutricional*

*Calorías:* 169.3 kcal, **Grasa Total:** 1.3 g, **Colesterol:** 57.0 mg, **Sodio:** 515.0 mg, **Carbohidratos Totales:** 7.9 g, **Fibra Dietaria:** 1.1 g, **Proteína:** 28.2 g

- [Escribe un Tweet sobre esta receta](#)

Receta de Sopa de Pollo Sriracha

**Tiempo de Preparación:** 5-10 minutos
**Tiempo de Cocción:** 6 horas y 30 minutos
**Porciones:** 4

Ingredientes

48 oz. de pechugas de pollo, cortadas en trozos pequeños
4 tazas (cerca de 32 oz.) de caldo de pollo, bajo en sodio
1 paquete de caldo de pollo, libre de sodio
1 ½ tazas de apio, bien picado
2 tazas de zanahorias, picadas
1 cebolla roja mediana, picada
1 ½ tazas de sriracha
2 cucharadas de salsa de soya, bajo en sodio

3 cucharadasde aceite de oliva
2 cucharadasde ajo molido
2 cucharaditas de perejil recién picado
2 cucharaditas de albahaca
Pimienta negra, al gusto
2 tazas (cerca de 16 oz.) de agua
Fideos de huevo, para servir

Instrucciones

1. Coloque todos los ingredientesen la olla de cocción.
2. Mezcle, cubra, y cocine por 5-6 horasen temperatura baja.
3. Cuando esté casi listo, transfiere el pollo a un tazón grande ydesmenúzalo con tenedores.
4. Devuelve el pollo desmenuzado a la olla y cocine en temperatura baja por 1 ½ horas adicionales.
5. Mientras tanto, hierva unos fideos de huevo para servir.
6. Sirva el pollo con fideos.

**Información Nutricional**
*Calorías: 443.2 kcal, Grasa Total: 13.2 g,*

***Colesterol:*** *62.1 mg,* **Sodio:** *680.2 mg,* **Carbohidratos Totales:** *13.1 g,* **Fibra Dietaria:** *2.5 g,* **Proteína:** *91.2 g*

- Escribe un Tweet sobre esta receta

## Pollo Marroquí de Cocción Lenta

**Tiempo de Preparación:** 5 minutos
**Tiempo de Cocción:** 6 horas (en baja temperatura) o 2-3 horas (en alta temperatura)
**Porciones:** 6

Ingredientes

1 ¾ tazas degarbanzos, remojados durante la nocheyluego drenados
3 ½ tazasde tomates enteros, cortados en trozos de 1 pulgada
2 pimientos grandes, sin corazón y en pequeños trozos
1 cebolla roja mediana, picada
1/3 tazade uvas pasas rubias
1 cucharadade semillas de comino
1 ½ cucharaditas de canela molida

2 cucharaditas de paprika
¼ taza (alrededor de 4 oz.) de agua
SalKosher, al gusto
20 oz. de muslos de pollo, sin hueso, sin pielycortados en pequeños cubos
3 cucharadasde mantequilla de nuez, sin sal

*Para servir y decorar*
Arroz integral hervido, quinoa, o cuscus de trigo integral, para servir
Hojas de cilantro fresco, para decorar

Instrucciones

1. Añadagarbanzos, tomates enteros, pimentones, cebollas, pasas rubias, comino, canela, paprika, agua, y sal. Cubra con lostrozos de pollo.
2. Cubra y cocine por unas 6-8 horasen baja temperatura o 2-3 horasen alta, hasta que el pollo esté suaveycompletamente cocinado.
3. Cuando termine, agregue la mantequilla de nuez.
4. Sirva con arroz hervido, quinoa, o

cuscús, ydecorado con cilantro fresco.

**Información Nutricional**
**Calorías:** *340 kcal,* **Grasa Total:** *10 g,* **Colesterol:** *88 mg,* **Sodio:** *464 mg,* **Carbohidratos Totales:** *37 g,* **Fibra Dietaria:** *8 g,* **Proteína:** *28 g*

- <u>Escribe un Tweet sobre esta receta</u>

Alitas de pollo pegajosas de cocción lenta con salsa de piña y 5 especias

**Tiempo de Preparación:** 5 minutos
**Tiempo de Cocción:** 3 horas
**Porciones:** 6

Ingredientes

*Para la salsa*
2 ¼ tazasde jugo de piña
3 ½ cucharadasde aminos de coco
2 cucharadasde ajo molido
1 ½ jengibre fresco, rallado
1 cucharadita deaceite de sésamo
2 cucharaditas de harina de tapioca

Sal marina, al gusto

*Para las alitas*
12-14 alas de pollo
2 cucharadasde polvo de cinco especias chino
¾ cucharadita dehojuelas de pimienta roja

*Para decorar*
Cilantro picado
Cebollas verdes picadas
Semillas de sésamo tostadas

Instrucciones

1. Disuelva la harina en un poco de jugo de piña; añada la harina disuelta, jugo de piña, aminos de coco, ajo, jengibre, aceite de sésamo, ysal marinaen la olla ligeramente engrasada.
2. Seca un poco las alitas con ayuda de toallas de papel.
3. Sazone las alitas de manera uniforme con el polvo de cinco especiasyhojuelas de pimienta rojaen ambos lados.
4. Colócalasen la olla, sobre la salsa.

5. Cubra, y cocine en temperatura alta por 2-3 horas.
6. Cuando termine, transfiera las alitas a una bandeja para hornear forrada con aluminio.
7. Hierva el líquido restante a temperatura alta por 15 minutos.
8. Usando un pincel de cocina, frota las alas suavemente con salsa de la olla y deje asar en el horno a temperaturaalta por unos minutos, retírelas, úntelas de salsa otra vez y meta en el horno nuevamente por 4-5 minutos más, hasta que estén marrones y pegajosas.
9. Decore con cilantro picado, cebollas verdes picadasysemillas de sésamo tostadas.
10. ¡Sirvacaliente!

*InformaciónNutricional*
*Calorías: 389 kcal,* **Grasa Total:** *13.1 g,* **Colesterol:** *146 mg,* **Sodio:** *230 mg,* **Carbohidratos Totales:** *16.7 g,* **Fibra Dietaria:** *2.2 g,* **Proteína:** *48.0 g*

- Escribe un Tweet sobre esta receta

## Pimientos Rellenos Magros y Limpios

**Tiempo de Preparación:** 10 minutos
**Tiempo de Cocción:** 8 horas
**Porciones:** 4

Ingredientes

4 pimientos grandes (Cualquier color)
16 oz. de carne molida (pollo, pavo, res, bisonte)
1 tazade arroz integral o quínoa cocinados
1 (14.5 oz.) lata de tomates en cubos, drenados (o frijoles negros, o maíz)
1 cucharaditade polvo de chile
½ cucharaditade comino
Pimientaysal de ajo, al gusto
2 tazasde caldo (vegetable, chickenorbeef), bajo en sodioylibre de grasa

*Coberturas opcionales*
Cilantro fresco
Guacamole
Salsa
Yogurgriego

Instrucciones

1. Corte la parte superior de los pimientos, saque los corazones, yretire las semillas.
2. En un tazón grande, combine la carne molida con el arroz o la quinoa ya cocinada, tomates en cubos, polvo de chile, comino, pimienta, y sal.
3. Llene los pimientos con la mezcla.
4. Caliente el caldo en la olla, coloque los pimientos rellenos suavemente, cubra, y cocine por 5-6 horasen alta temperatura o por 8 horasen baja.
5. Sirva los pimientos rellenos con frijoles, ensalada, salsa o papas fritas.

***Información Nutricional***
***Calorías:*** *381 kcal,* ***Grasa Total:*** *19.4 g,* ***Colesterol:*** *79.4 mg,* ***Sodio:*** *112.5 mg,* ***Carbohidratos Totales:*** *26.1 g,* ***Fibra Dietaria:*** *6.7 g,* ***Proteína:*** *25 g*

- Escribe un Tweet sobre esta receta

## Avena Cortada con Banana de Cocción Lenta

**Tiempo de Preparación:** 2-5 minutos
**Tiempo de Cocción:** 8 horas
**Porciones:** 4-5

Ingredientes

1 tazade avena cortada
1 banana madura, hecha puré
2 tazas deleche de almendras de vainilla, sin endulzary baja en grasa
2 tazas de agua
2 cucharaditas de polvo de canela
2 cucharaditade stevia de vainilla
½ cucharadita de sal

*Coberturas opcionales*
Rodajas de banana
Nueces
Mantequilla de nuez
Bayas

Instrucciones

1. Engrase la olla ligeramente, añada todos los ingredientes, y mezcle bien para combinar.
2. Cubra y cocinea temperatura bajapor unas 8 horas.
3. Sirva con bayas o tus coberturas favoritas.

*Información Nutricional*
*Calorías:* *133* kcal, **Grasa Total:** *1.1 g,* **Colesterol:** *0 mg,* **Sodio:** *247.4 mg,* **Carbohidratos Totales:** *28.2g,* **Fibra Dietaria:** *2.8 g,* **Proteína:** *2.4 g*

- <u>Escribe un Tweet sobre esta receta</u>

Salsa de Pollo de Dos **Ingredientes**
**Tiempo de Preparación:** 2 minutos
**Tiempo de Cocción:** 6-8 horas
**Porciones:** 2

Ingredientes

2 pechugas de pollosin hueso
2 tazasde salsa, tu favorita
Sal de ajo y pimienta, al gusto

Instrucciones

1. Sazone laspechugas de pollocon sal y pimienta.
2. Añada el polloy la salsa en la olla cubierta de papel aluminio.
3. Cubra y cocine por 4 horasen alta temperatura o 6-8 horasen alta.
4. Cuando termine, transfiere laspechugas de polloa una tabla de cortarydesmenúzalas con un tenedor.
5. Regresa el pollo desmenuzado a la olla, mezcley sirva inmediatamente.
6. Úsela en tacos, sandwiches o hamburguesas.

**Información Nutricional**
**Calorías:** *169.8 kcal,* **Grasa Total:** *1.5 g,* **Colesterol:** *68.4 mg,* **Sodio:** *325.2 mg,* **Carbohidratos Totales:** *8 g,* **Fibra Dietaria:** *4 g,* **Proteína:** *27.2 g*

- Escribe un Tweet sobre esta receta

## Batatas de Cocción Lenta

**Tiempo de Preparación:** 1-2 minutos
**Tiempo de Cocción:** 7-8 horas
**Porciones:** 4

Ingredientes

4-5 batatas, o más si se requiere

Instrucciones

1. Lave las batatas, colóquelasen la olla, cubra, y cocine por 4 horasen temperatura alta o 7-8 horasen baja.
2. Sirva con poca sal o condimentación.

***Información Nutricional***
***Calorías:*** *86 kcal,* ***Grasa Total:*** *0.1 g,* ***Colesterol:*** *0 mg,* ***Sodio:*** *55 mg,* ***Carbohidratos Totales:*** *20 g,* ***Fibra Dietaria:*** *3 g,* ***Proteína:*** *1.6 g*

- **Escribe un Tweet sobre esta receta**

Batatas Rellenas con Frijoles Negros y

### Espinaca

**Tiempo de Preparación:** 5-10 minutos
**Tiempo de Cocción:** 8 horas
**Porciones:** 4

Ingredientes

4 batatas grandes

*Para el relleno*
1 cucharadade aceite de oliva extra virgen
½-cucharada de ajo
1 (15 oz.) lata de frijoles negros, drenados y enjuagados
Una pizca decomino molido
Una pizca depimienta de Cayena
1 (6 oz.) bolsa de espinaca fresca
Sal y pimienta, al gusto
½ tazade yogur griego, sin grasa, para servir

Instrucciones

1. Coloque las batatas en una olla, cubra, y cocine por 7-8 horasen temperatura

baja.
2. Para el relleno, caliente aceite en una cacerola grandea temperatura media, añada ajo, saltee hasta que esté fragante y de un color verde y marrón, alrededor de un minuto.
3. Añada frijoles, comino, pimienta de Cayena, yun poco de agua, mezcle por 2 minutos.
4. Luego añada espinaca, sazone con sal y pimienta, mezcle por otros 2 minutos.
5. Corte las batatas cocidas, yrellénelas ligeramente con los ingredients de la cacerola, coloque un poco de yogur griego por encima.
6. Sirvey¡Disfruta!

**InformaciónNutricional**
***Calorías:*** *328 kcal,* ***Grasa Total:*** *4.3 g,* ***Colesterol:*** *0 mg,* ***Sodio:*** *128.3 mg,* ***Carbohidratos Totales:*** *61.1 g,* ***Fibra Dietaria:*** *15.3 g,* ***Proteína:*** *13.4 g*

- <u>Escribe un Tweet sobre esta receta</u>

Jambalaya De Pollo Y Camarones de

## Cocción Lenta

**Tiempo de Preparación:** 20 minutos
**Tiempo de Cocción:** 4-5 horas
**Porciones:** 8

Ingredientes

8 muslos de pollo, sin hueso, sin piel (alrededor de 2 oz. cada uno)
1 taza de apio, bien picado
2 cebolletas grandes, en cubos
1 taza de pimiento rojo, picado
1 ¾ tazas de tomates de cubos
½ taza caldo de pollo, bajo en sodio
3 oz. (cerca de ⅓ taza) de pasta de tomate
2 cucharaditas de condimento Cajún o Criollo
1 diente de ajo, molido
½ cucharadita de sal
16 oz. de camarón cocido
*Para servir*
4 tazas de arroz hervido
Perejil fresco, para decorar

Instrucciones

1. Corte el pollo en trozos pequeños.
2. En la olla de cocción, añada los trozos de pollo, apio, cebolletas, pimientos, tomates, caldo, pasta de tomate, condimento Cajún, ajo, y sal.
3. Cubra y cocineen temperatura baja por 4-5 horas o en alta por 2 horas.
4. Justo antes de servir, agregue los camarones hasta que estén calientes.
5. Sirva con arroz hervidoydecore con perejil fresco.

**Información Nutricional**
*Calorías: 332 kcal,* ***Grasa Total:*** *6.3 g,* ***Colesterol:*** *170 mg,* ***Sodio:*** *421 mg,* ***Carbohidratos Totales:*** *33.9 g,* ***Fibra Dietaria:*** *3.4 g,* ***Proteína:*** *33.6 g*

- Escribe un Tweet sobre esta receta

Paella de Cocción Lenta (Alto en Proteína)

**Tiempo de Preparación:** 10 minutos
**Tiempo de Cocción:** 3-4 horas

**Porciones:** 6-8

Ingredientes

¼ cucharaditade hebras de azafrán
1 cebolla, bien picada
1 cucharadade pasta de ajo
½ tazade perejil de hoja plana
2 ½ oz. de salchicha de pollo, cortado en pequeños trozos
2 oz. de trozos de pollo o pescado sin hueso
1 cucharaditade paprika dulce ahumada
1 pimiento rojo, sin semillasypicado
½ taza depasta de tomate
1 tazade caldo de pollo
1 tazade arroz de paella, cerca de 8 oz.
½ tazade guisantes congelados, cerca de 3 oz.
8 oz. de langostinos pelados congelados
8 oz. de almejas pequeñas, limpias
1 ½ tazas de agua
4 cucharadas deaceite de oliva
Saly pimientaal gusto

*Para decorar*

1 limón, en rodajas
Perejil picado
Hojuelas de chile

Instrucciones

1. Disuelva las hebras de azafrán en ¼ de taza de agua caliente, reservar.
2. Salpica un poco deaceite de olivaen una sartén de paella, añada cebollas, saltee por unos 5 minutoshasta que estén marrones, agregue la pasta de ajo por unos momentos y luego añada un poco de agua para evitar que se queme.
3. Agregue perejil, salchichas, pollo, paprika, saly pimiento, cocine por unos 2 minutosa temperatura media.
4. Transfiere a la olla de cocción, añada lapasta de tomate, cubra y cocine por 3 horasen temperatura alta.
5. Añada caldo de pollo, pimientos, guisantes, langostinosycomino, mozcle por 2-4 minutos para absorber todos los sabores.
6. Agregue un poco de agua, deje hervir, luego añada arroz, prueba el líquidoy

ajuste el nivel de sal.
7. Cubra la olla, y cocine por unos 45-50 minutos adicionales en alta temperatura.
8. Luego agregue almejas; con el lado de la bisagra hacia abajo, cocine sin mezclar por otros 10 minutoso hasta que las almejas se abrany el arroz haya absorbido el líquido y ya esté completamente cocinado.
9. Viertael líquido de azafrán sobre la paellay déjelo reposar por un minuto para que absorba el color.
10. Coloca la Hermosa paella en platos para servir
11. Sazone a la perfección, esparza perejil picadoyalgunas hojuelas de chile sobre ella.
12. Sirva con rodajas de limón a un lado para exprimir sobre ella.

*Información Nutricional*
*Calorías: 341 kcal,* **Grasa Total:** *5 g,* **Colesterol:** *48 mg,* **Sodio:** *1270 mg,* **Carbohidratos Totales:** *47 g,* **Fibra Dietaria:** *5 g,* **Proteína:** *28 g*

- <u>Escribe un Tweet sobre esta receta</u>

## Arroz Salvaje y Sopa de Champiñones

**Tiempo de Preparación:** 10 minutos
**Tiempo de Cocción:** 4 horas& 30 minutos
**Porciones:** 3

Ingredientes

1 cebolla grande, en rodajas finas
2 cucharadasde pasta de ajo
7 tazas de champiñones en rodajas
½ taza de vino blanco seco
1½ tazasde caldo de vegetales, caliente
1 tazade mezclad e arroz salvaje y blanco
3 cucharadasde crema
Pequeño manojo de perejil recién picado
Pimienta negra ySal, al gusto

Instrucciones

1. Agregue la cebolla, ajoy rodajas de champiñones a la olla de cocción, vierta el vino blanco, cubra, y cocine en

temperatura alta por 2½ horas.
2. Cuando los vegetales estén lo suficientemente suaves, añade el caldo de vegetalesyel arroz. Mezcle bien. Cocine en alta temperatura por otras 2 horas, o hastaque el arroz esté cocido completamente.
3. Antes de servir, agregue la cremayperejil fresco, yajuste la condimentación al gusto.
4. Sirvainmediatamente.

*InformaciónNutricional*
*Calorías: 345 kcal,* **Grasa Total:** *3.2 g,* **Colesterol:** *2 mg,* **Sodio:** *483 mg,* **Carbohidratos Totales:** *61.5 g,* **Fibra Dietaria:** *7.2 g,* **Proteína:** *17.1 g*

- Escribe un Tweet sobre esta receta

Sopa minestrone

**Tiempo de Preparación:** 5-7 minutos
**Tiempo de Cocción:** 4 horas
**Porciones:** 8

## Ingredientes

1 cucharada de aceite de oliva
2 zanahorias medianas, peladas y picadas
1 cebolla amarilla, bien picada
2 puñados de apio, bien picados
1 ½ cucharadas pasta de ajo
1 ¾ tazas de tomates en cubos
1 papa blanca, pelada y picada en cubos
½ cabeza de col rizada, en rodajas finas
2 calabacines, picados en pequeños cubos
1 (15 oz.) lata de garbanzos, drenados
1 (15 oz.) lata de frijoles rojos, drenados
1 (15 oz.) lata de frijoles blancos, drenados
1 cucharadita de albahaca seca
1 cucharadita de orégano seco
¼ taza de perejil recién picado
1 cucharada de queso parmesano
1 hoja de laurel
2 tazas de agua
32 oz. de caldo de pollo o vegetales (cerca de 4 tazas)
Sal marina y pimienta negra en polvo, al gusto
Queso parmesano recién rallado, para servir

Instrucciones

1. Caliente aceite en una cacerola grandea temperatura media; agregue zanahorias, cebolla, yapio. Saltee hasta que lascebollas estén traslúcidas y fragrantes. Añada el ajoy saltee por otros 2 minutos.
2. Añada estos vegetales salteadosytodos los ingredientes restantesen la olla de cocción.
3. Cubra, y cocine en temperatura baja por 6-8 horas o en alta por unas 4 horaso hasta que las papas estén completamente cocinadas.
4. Pruebe la sopapara ajustar la sazón.
5. Retire la hoja de laurel antes de servir.
6. Porcione la sopa en tazones para servir y cubra con queso parmesano.

*Información Nutricional*
*Calorías: 242 kcal,* **Grasa Total:** *40 g,* **Colesterol:** *mg,* **Sodio:** *mg,* **Carbohidratos Totales:** *40 g,* **Fibra Dietaria:** *10 g,* **Proteína:** *15g*

- **Escribe un Tweet sobre esta receta**

## Sopa De Gnocchi De Pollo de Cocción Lenta

**Tiempo de Preparación:** 5 minutos
**Tiempo de Cocción:** 6-8 horas
**Porciones:** 8-10

Ingredientes

16 oz. depechugas de pollo, sin hueso, sin piel
2 tazas demirepoix (una mezcla decebollas, apioyzanahorias picadas)
1 cucharaditade albahaca seca
1 ½ cucharaditas de condimento italiano
1-2 cucharaditas de condimento para aves
4 tazasde caldo de pollo, bajo en sodio
2 cucharadasde maicena disueltas en igual cantidad de agua
1 ½ tazasde leche evaporada, libre de grasa
32 oz. de paquetes de gnochis mini de papa (alrededor de 4 tazas)

6 tiras de tocino, fritasydesmenuzadas
2-3 dientes de ajo
½ tazade hojas de espinacas baby frescas
Sal, al gusto

Instrucciones
1. Añada laspechugas de pollo, albahaca, condimento italiano, mirepoix, condimento para aves, sal, yel caldo en la olla de cocción. Cubra, ycocine en alta temperatura por 4-5 horasen baja por 6-8 horas.
2. Cuando termine, desmenuce el pollo con tenedores.
3. Luego añada la mezcla de maicena, leche evaporada, gnocchi, y tocino. Mezcle para combinar.
4. Caliente aceite en una cacerola, añada ajo, saltee por un minuto, luego añada espinaca, mezcle hasta que tengan un aspecto marchito.
5. Agregue la espinaca a la olla, cubra, y cocine por 30-40 minutos adicionalesen alta temperatura.Agregue líquidosi se requiere.
6. Ajuste la condimentación antes de

servir.

**Información Nutricional**
**Calorías:** *407 kcal,* **Grasa Total:** *15.2 g,* **Colesterol:** *84.8 mg,* **Sodio:** *765.1 mg,* **Carbohidratos Totales:** *42.6 g,* **Fibra Dietaria:** *2.8 g,* **Proteína:** *24.3 g*

- <u>Escribe un Tweet sobre esta receta</u>

Sopa de Lasaña de Cocción Lenta

**Tiempo de Preparación:** 5-10 minutos
**Tiempo de Cocción:** 8 horas
**Porciones:** 8

Ingredientes

*Para la Lasaña*
2 cucharaditas de aceite de oliva
16 oz. decarne de pavo molida
1 cebolla grande, en cubos
1 cucharada deajo molido
1 zanahoria grande, peladaypicada
1 calabacín grande, peladoypicado
2 tazasde caldo de pollo, bajo en sodio

1 (14.5 oz.) lata de tomates machacados
1 (14.5 oz.) lata de sopa de tomate o salsa marinara
1 ½ tazas de agua
4 cucharadasde pasta de tomate
2 cucharadasde perejil fresco, picado
2 cucharaditas de albahaca seca
1 cucharaditade orégano seco
Sal ygranos de pimienta blanca recién molida, al gusto
8 hojas de lasaña grandes, en trozos pequeños
1 tazade queso mozzarella desmenuzado, bajo en grasa

*Para coberturas*
1 tazade queso ricotta, bajo en grasa
⅓ tazade queso parmesano, rallado
2 cucharadasde perejil recién picado
2 cucharadasde albahaca recién picada
Sal

Instrucciones

1. Caliente aceite en una cacerola mediana a temperatura media, agregue

la carne de pavoy saltee hasta que esté marrón. Sazone con sal y pimienta.
2. Luego añadacebollayajo, continúe salteando hasta que esté transparente.
3. Transfiere esta mezcla a la olla de cocción.
4. Agregue zanahorias, calabacín, caldo de pollo, sopa de tomate o salsa marinara, tomates machacados, agua, pasta de tomate, perejil fresco, albahaca, y orégano, cubra, y cocina en temperatura baja por 8 horas o en alta por 4 horas.
5. En los últimos 30 minutosde tiempo de cocción, añada las hojas de lasaña rotas, cubray continúe la cocción hasta que la pasta esté al dente.
6. Cuando termine, apague la olla, yagregue mozzarella, presiónelo ligeramente hacia el calor de la salsa hasta que se derrita.
7. Para la cobertura, combine el queso ricotta, parmesano, perejilyalbahaca en un tazón. Sazone con sal al gustoyreserve.
8. Viertala sopa en tazones para servir,

saca una cucharada de la mezcla de ricottay póngala encimayesparza un poco de perejil extra y queso parmesano bien rallado para decorar.

***Información Nutricional***
***Calorías:*** *327 kcal,* ***Grasa Total:*** *9.5 g,* ***Colesterol:*** *mg,* ***Sodio:*** *mg,* ***Carbohidratos Totales:*** *29.1 g,* ***Fibra Dietaria:*** *2.1 g,* ***Proteína:*** *29.8 g*

- <u>Escribe un Tweet sobre esta receta</u>

Asado de carne asiático de cocción lenta

**Tiempo de Preparación:** 5 minutos
**Tiempo de Cocción:** 8 horasy 30 minutos
**Porciones:** 10

Ingredientes

48 oz. de carne asada magra
½ tazade salsa de soya, bajo en sodio
¼ tazade vinagre de vino de arroz
¼ tazade azúcar morena
2 cucharadasde salsa de tomate

2 cucharadas de semillas de sésamo
1 cucharada dejengibre fresco, molido o rallado
1 ½ cucharadita deSriracha
8 dientes de ajo, enteros
½ tazade cebolla roja, molida
1 jalapeño, sin semillasy molido

Instrucciones

1. Para la salsa, toma un pequeño tazón, mezcla lasalsa de soya, azúcar morena, vinagre, salsa de tomate, semillas de sésamo, yjengibre, hasta que la mezcla esté suave. Agregue lacebolla, jalapeños, ydientes de ajos.
2. Coloque la carne en la olla de cocción y viertala salsa sobre la carne. Cocine en baja temperatura por 8 horashasta que la carne esté muy suave. Desmenuce la carne y déjela cocinar en la olla por 30 minutos adicionales para que absorba todos los sabores.

*Información Nutricional*
*Calorías: 225 kcal, Grasa Total: 6 g,*

***Colesterol:*** *82 mg,* **Sodio:** *844 mg,*
**Carbohidratos Totales:** *10 g,* **Fibra Dietaria:** *1 g,* **Proteína:** *33 g*

- Escribe un Tweet sobre esta receta

## Carne Molida de Curry Tailandés

**Tiempo de Preparación:** 15 minutos
**Tiempo de Cocción:** 4 horas
**Porciones:** 4
Ingredientes

1 cucharadade aceite de oliva
16 oz. de carne molida
1 puerro, en rodajas finas
1 cucharadade ajo molido
1 cucharadita dejengibre fresco, bien rallado
1 cucharadade pasta de curry rojo
1 ½ tazasde salsa de tomate
1 cucharaditade ralladura de limón
1 cucharada desalsa de soya
½ tazade leche de coco light
2 cucharaditas de jugo de limón

Instrucciones

1. Caliente aceite en una cacerolaa temperatura media-alta, agregue la carne molida, cocine por 5 minutoso hasta que esté de un color marrón uniformemente.
2. Luego transfiere a la olla de cocción, añade el puerro, jengibre, pasta de ajo, pasta de curry rojo, salsa de tomate, salsa de soya, yralladura de limón.
3. Cubra, ycocine en temperatura baja por 4 horas.
4. Cuando esté casi listo, destape la olla, mezcle la leche de coco, yel jugo de limón. Cubra otra vez, y déjelo cocinarpor 15 minutos adicionales.
5. Sirva.

*InformaciónNutricional*
*Calorías: 213 kcal,* **Grasa Total:** *8 g,* **Colesterol:** *70 mg,* **Sodio:** *896 mg,* **Carbohidratos Totales:** *10 g,* **Fibra Dietaria:** *2 g,* **Proteína:** *26 g*

- Escribe un Tweet sobre esta receta

## Lomo De Bisonte De Paprika

**Tiempo de Preparación:** 5 minutos
**Tiempo de Cocción:** 4 horas
**Porciones:** 4

Ingredientes

24 oz. de lomo de bisonte sin grasa extra
1 tazade caldo de pollo, bajo en sodio
4 dientes de ajo, pelados
½ tazade salsa, usa tu favorita
2 cucharadasde paprika ahumada
1 cucharadade orégano, seco
Saly polvo de pimienta, al gusto

Instrucciones

1. En un tazón pequeño, mezcla el caldo de pollo, dientes de ajo, salsa, paprika ahumada, orégano, sal, ypimienta.
2. Añade el lomo de bisonte a la olla. Viertala salsa sobre el lomoy cocine en temperatura alta por 4 horas.
3. Cuando termine, desmenuce con dos

tenedoresycocine sin cubrir por 20 minutos adicionales, para que absorba al máximo todos los sabores.

**Información Nutricional**
**Calorías:** *216 kcal,* **Grasa Total:** *5 g,* **Colesterol:** *111 mg,* **Sodio:** *601 mg,* **Carbohidratos Totales:** *5 g,* **Fibra Dietaria:** *2 g,* **Proteína:** *38 g*

- Escribe un Tweet sobre esta receta

Pechugas de Pollo Rellenas estilo Griego

**Tiempo de Preparación:** 15-20 minutos
**Tiempo de Cocción:** 4 horas
**Porciones:** 6

Ingredientes

6 pechugas de pollo (cerca de 5-6 oz. cada una), sin hueso y sin piel
2 ½ tazasde hojas de espinacas, rasgadas
½ tazade pimientos rojos asados, picados
¼ taza de aceitunas negras, en rodajas

finas
1 lata (8 oz.) de corazones de alcachofas, drenados, enjuagadosypicados
4 oz. de queso feta, bajo en grasa
1 cucharaditade orégano seco
1 cucharaditade polvo de ajo
1 ½ tazasde caldo de pollo, bajo en sodio
Pimientaysal, al gusto

Instrucciones

1. En un tazón grande, mezcle la espinaca, alcachofas, pimientos asados, queso feta, orégano, yajo.
2. Sazone las pechugas de pollo uniformemente con sal y pimienta.
3. Usando un cuchillo de carne afilado, haga un corte profundo en el centro de laspechugas de pollopara crear un bolsillo para el relleno. Ten cuidado de no cortar a través de todo el pollo.
4. Rellena cadapechuga de pollocon la mezcla de espinaca.
5. Coloca laspechugas de pollo rellenas, con el relleno hacia arriba, en la olla. Estopreviene que el relleno se salga.

6. Finalmente, añade elcaldo de polloen los lados.
7. Cubra, y cocine en baja temperatura por 4 horas.
8. Sirva con su salsa favorita.

***Información Nutricional***
***Calorías:*** *222 kcal,* ***Grasa Total:*** *7 g,* ***Colesterol:*** *82 mg,* ***Sodio:*** *712 mg,* ***Carbohidratos Totales:*** *8 g,* ***Fibra Dietaria:*** *4 g,* ***Proteína:*** *36 g*

- <u>Escribe un Tweet sobre esta receta</u>

Albóndigas de Pavo Italianas de Cocción Lenta

**Tiempo de Preparación:** 5 minutos
**Tiempo de Cocción:** 4-6 horas
**Porciones:** 4

Ingredientes

20 oz. de pechuga de pavo molida, al 93%
¼ tazade miga de pan integral condimentado

¼ taza de quesoparmesano, rallado
¼ tazade perejil, bien picado
1 huevo, ligeramente batido
1 diente de ajo grande, machacado
Pimienta negraysalkosher, al gusto

*Para la salsa*
1 cucharadade aceite de oliva
4 dientes de ajo, machacados
Lata de 28 oz. de tomates machacados
1 hoja de laurel
¼ tazade albahaca recién picada o perejil
Salypolvo de pimienta, al gusto

Instrucciones

1. En un tazón grande, combine el pavo molido, miga de pan, perejil, huevo, ajo, yqueso. Usando manos limpias, mezcla todos los ingredientesy forma pequeñas bolas de carne de igual tamaño.
2. En una cacerola pequeña, calienteaceite de olivaa temperatura media, agregue el ajoy la salsa hasta que se dore. Viértaloen la olla.

3. Luego añada los tomates machacados, yla hoja de laurel a la olla de cocción. Mezcle para combinarbien.
4. Coloque las albóndigas en la salsa, cubraycoloque la olla a temperatura media, de 4 a 6 horas.
5. Cuando las albóndigas estén listas, ajuste la condimentación al gustoyañada albahaca o perejil recién picado.
6. Sirva conricotta, sobre pasta o disfruta con pan.

***Información Nutricional***
***Calorías:*** *200.4 kcal,* ***Grasa Total:*** *8.1 g,* ***Colesterol:*** *41 mg,* ***Sodio:*** *427.5 mg,* ***Carbohidratos Totales:*** *12.6 g,* ***Fibra Dietaria:*** *0.6 g,* ***Proteína:*** *17.3 g*

- <u>Escribe un Tweet sobre esta receta</u>

Salsa de carne a fuego lento con pasta
**Tiempo de Preparación:** 5 minutos
**Tiempo de Cocción:** 8 horas
**Porciones:** 8

## Ingredientes

1 cucharadade aceite de oliva
2 tazasde cebollas picadas
1 tazade zanahorias picadas
3 cucharadasde ajo molido
2 (cerca de 4 oz. cada una) salchichas italianas, sin cubierta
16 oz. de solomillo molido
½ tazade aceitunas Kalamata olives, sin huesoy en rodajas
¼ tazade pasta de tomate
1 ½ cucharaditas de azúcar
½ cucharaditade pimiento rojo machacado
1 (28 oz.) lata de tomates machacados, sin drenar
1 tazade salsa de tomate
1 cucharadade orégano fresco picado
16 oz. de pasta mafaldine, sin cocinar
½ tazade hojas frescas de albahaca, picadas
3 oz. de queso parmesano fresco y rallado
Sal, al gusto

## Instrucciones

1. Caliente aceite en una cacerola pequeña a fuego medio-alto, añada cebollasyzanahorias, saltee por unos 4 minutos, mezcle ocasionalmente. Luegoañada ajo, saltee por 1 minuto, mezclando constantemente.
2. Transfiera esta mezcla salteada de vegetales a la olla de cocción.
3. Añade salchichaycarne a la cacerola, saltee por unos 6 minutoso hasta que dore, mezcle para desmenuzar.
4. Transfiera la mezcla de carne a la olla de cocción. Agregue aceitunasyañadepasta de tomate, azúcar, pimiento rojo, tomates machacados, salsa de toamte, y orégano en la olla de cocción.
5. Prepare la pasta de acuerdo a las instrucciones del paquete, omitiendo la sal y la grasa.
6. Sirva la salsa sobre pasta cocida; cubra con hojas de albahaca y queso.

***Información Nutricional***
***Calorías:*** *503 kcal,* ***Grasa Total:*** *16.7 g,*

***Colesterol:*** *48 mg,* ***Sodio:*** *766 mg,* ***Carbohidratos Totales:*** *59.7 g,* ***Fibra Dietaria:*** *5.6 g,* ***Proteína:*** *26.3 g*

- <u>Escribe un Tweet sobre esta receta</u>

*Cerdo Asado CharSiu*

**Tiempo de Preparación:** 2 horas
**Tiempo de Cocción:** 8 horas y 30 minutos
**Porciones:** 6-8

Ingredientes

¼ tazade salsa de soya, bajo en sodio
3 cucharadasde salsa de tomate
¼ tazade salsa hoisin
3 cucharadasde miel
1 cucharaditade ralladura de limón
1 ½ cucharaditas de ajo molido
1 cucharadita dejengibre fresco, rallado
1 cucharadita deaceite de sésamo
½-1 cucharadita de polvo de cinco especias
32 oz. de paletilla de cerdo sin hueso, cortada
½ tazade caldo de pollo, libre de grasa,

bajo en sodio

Instrucciones

1. Combine la salsa de soya, salsa de tomate, salsa hoisin, miel, ralladura de limón, ajo, jengibre, aceite de sésamo, y polvo de cinco especias en un pequeño tazón.
2. Viertaesta mezcla en una bolsa resellable de plástico. Agregue el cerdo a la bolsa; selle, coloque en el refrigeradorydeje marinar por al menos 2 horas, volteándolo ocasionalmente.
3. Cuando se termine de marinar, transfiera el material marinado a la olla de cocción. Cubra, ycocineenbajatemperaturapor 8 horas.
4. Cuando termine, transfiera el cerdo de la olla a la tabla de cortar o una superficie limpia, usando cucharas ranuradas. Cubra con papelaluminio para mantenercaliente.
5. Cuando se enfríe, desmenuce el cerdo con ayuda de tenedores.
6. Agregue caldo a la salsa (líquido

restante) en la olla. Cubra y cocineen temperatura baja por 30 minutoso hasta que la salsa espese.
7. Sirva el cerdo desmenuzado con salsa.

**Información Nutricional**
*Calorías:* 227 kcal, *Grasa Total:* 9.5 g, *Colesterol:* 73 mg, *Sodio:* 561 mg, *Carbohidratos Totales:* 12.7 g, *Fibra Dietaria:* 0.4 g, *Proteína:* 21.6 g

- Escribe un Tweet sobre esta receta

Lasaña Pesto con Espinaca y Champiñones

**Tiempo de Preparación:** 30-40 minutos
**Tiempo de Cocción:** 5 horas
**Porciones:** 8

Ingredientes

4 tazasde hojas de espinaca, rasgadas
2 tazasde champiñones cremini, en rodajas finas
½ tazade pesto comercial

¾ taza (cerca de 3 oz.) de queso mozzarella, desmenuzado

¾ taza (cerca de 3 oz.) de queso provolone, desmenuzado

1 ½ tazas (cerca de 15 oz.) de queso ricotta, libre de grasa

1 huevo grande, ligeramente batido

¾ taza (cerca de 3 oz.) de queso parmesano recién rallado, dividido

3 ¼ tazas (cerca de 25.5 oz.) salsa para pasta de tomate y albahaca, libre de grasa

1 tazade salsa de tomate

Spray de cocina

1 (8 oz.) paquete de fideos de lasaña (12 fideos), precocinados

Instrucciones

1. Coloque la espinaca en una vaporera de vegetales;cubra, ycocine al vapor por 3 minutoso hasta que la espinaca se vea marchita. Luego drena, exprime, ypique bien.
2. En un tazón mediano, combine espinaca, champiñones, y pesto, revuelva para combinar bien; reservar.

3. En un tazón aparte, combine la mozzarella, provolone, ricotta, yel huevo batido. Mezcle bien. Agregue el ¼ taza de Parmesano, yreservar.
4. En otro tazón, combine la salsa de pastayla salsa de tomate.
5. Viertayesparza uniformemente 1 tazade la mezcla de salsa para pasta en el fondo de la olla engrasada.
6. Coloque 3 fideossobre la mezcla de salsa para pasta; cubra con unataza de la mezcla de quesoyunatazade mezcla de espinaca.
7. Repita las capas 3-4 en orden similar, terminando con la mezcla de espinaca
8. Finalmente, esparza la ½ taza de queso parmesano restante sobre todo.
9. Cubra, y cocine en temperatura baja por 5 horaso hasta que esté listo.

*Información Nutricional*
*Calorías: 398 kcal, Grasa Total: 18.2 g, Colesterol: 56 mg, Sodio: 1036 mg, Carbohidratos Totales: 38.5 g, Fibra Dietaria: 2 g, Proteína: 22.2 g*

- [Escribe un Tweet sobre esta receta](#)

## Torre de Enchilada de Pollo

**Tiempo de Preparación:** 40-45 minutos
**Tiempo de Cocción:** 2 horas
**Porciones:** 6-8

Ingredientes

1 cucharaditade aceite de oliva
1 taza de cebollas picadas
½ taza de chile poblano sin semillas y picado
1 cucharadade ajo molido
1 ½ cucharaditas de polvo de chile chipotle
1 ¾ tazasde tomates en cubos
1 (8-onzas) lata de salsa de tomate con albahaca, ajo y orégano
2 tazasde pechuga de pollo asada, desmenuzada
1 tazade maíz amarillo y blanco congelado
1 (15 oz.) lata de frijoles negros, enjuagadosy drenados
5 (de 8-pulgadas) tortillas de maíz y de harina

2 tazas de queso cheddar desmenuzado, bajo en grasa
Ramitas de cilantro (opcional)

Instrucciones

1. Caliente aceite en una sartén grandea temperatura media, añada cebollas, chile poblano, yajo, cocine por unos 5-6 minutoso hasta que todo esté blando.
2. Luego añadapolvo de chile, tomates, yla salsa de tomate, mezcle por 5 minutos. Dejeenfriara temperaturaambienteporunos 10 minutos.
3. Viertaesta mezcla en una licuadora, ylicúe hasta que esté suave.
4. Engrase ligeramente la parte interior de la olla de cocción. Esparza unas 3 cucharadasde la mezcla de tomate en el fondo de la olla.
5. Combine la mezcla restante de tomate con pollo, maíz y frijoles.
6. Coloca una tortilla sobre la salsaen la olla, viertaunatazade pollo asado sobre la tortilla, cubra con 1/3 de tazade

queso. Cubra con otra tortilla.
7. Repita el mismo proceso con la mezcla de pollo restante, tortillas, yqueso.
8. Cubra y cocineen temperatura BAJA por 2 horaso hasta que el queso se derrita y los bordes empiecen a dorarse.
9. Corta en 8 trozos. Decora con cilantro, si se desea.
10. Sirvey¡Disfruta!

www.ingramcontent.com/pod-product-compliance
Lightning Source LLC
Chambersburg PA
CBHW071848070526
44583CB00016B/1590